A Cartilha da Nova Mãe

Dados Internacionais de Catalogação na Publicação (CIP)
(Câmara Brasileira do Livro, SP, Brasil)

Gaiarsa, José Ângelo
   A cartilha da nova mãe / José Ângelo Gaiarsa – São Paulo :
Ágora, 2003.

   ISBN 85-7183-829-1

   1. Mães – Psicologia 2. Mães e filhos
3. Relações interpessoais I. Título

03-4031   CDD-155.6463

Índice para catálogo sistemático:
   1. Mães : Psicologia   155.6463

Compre em lugar de fotocopiar.
Cada real que você dá por um livro recompensa seus autores
e os convida a produzir mais sobre o tema;
incentiva seus editores a encomendar, traduzir e publicar
outras obras sobre o assunto;
e paga aos livreiros por estocar e levar até você livros
para a sua informação e o seu entretenimento.
Cada real que você dá pela fotocópia não autorizada de um livro
financia o crime
e ajuda a matar a produção intelectual de seu país.

A Cartilha da Nova Mãe

José Ângelo Gaiarsa

Editora
ÁGORA

A CARTILHA DA NOVA MÃE
Copyright © 1999, 2003 by José Ângelo Gaiarsa
Direitos desta edição reservados por Summus Editorial

Capa: **Estúdio Graal**
Editoração e fotolitos: **All Print**

Editora Ágora
Departamento editorial:
Rua Itapicuru, 613 – 7º andar
05006-000 – São Paulo – SP
Fone: (11) 3872-3322
Fax: (11) 3872-7476
http://www.editoraagora.com.br
e-mail: agora@editoraagora.com.br

Atendimento ao consumidor:
Summus Editorial
Fone: (11) 3865-9890

Vendas por atacado:
Fone: (11) 3873-8638
Fax: (11) 3873-7085
e-mail: vendas@summus.com.br

Impresso no Brasil

É preciso começar compreendendo muito bem que *mesmo sem querer e sem saber:*

"As mães sempre constituíram o maior partido conservador do mundo".

Sumário

Introdução 9

Os homens (sexo masculino), pela sua história e pelos seus genes, são perigosamente agressivos 13

Os anos decisivos 17

Maturação do sistema nervoso 31

Alguns objetivos do Partido das Mães 33

O que e como fazer 37

Alguns pontos para reflexão 39

Tópicos sobre a família vista pelos preconceitos sociais, comparada com a família real 43

Desenvolvimento da respiração 63

Desenvolvimento dos movimentos 67

A sensibilidade, a sensualidade e o erotismo 73

A questão da atenção 79

A comunicação não-verbal 83

Os jogos de poder entre mãe e filho 85

Leituras complementares 91

Introdução

Nas conversas usuais e na mídia, está sempre implícito que elas nada têm a ver com política. Consultada para dar sua opinião diante da pergunta "qual a relação entre a mãe e a política?", a maior parte das pessoas mostrar-se-á perplexa, estranhando tão exótica aproximação entre estas duas realidades, tidas como bem distintas e independentes.

Mas pedimos ao leitor que nos acompanhe numa demonstração simples e clara de quão verdadeira é a afirmação supra.

1. As mães, em qualquer país, são em número maior do que os membros de qualquer partido político. Logo, nas democracias, constituem maioria e podem determinar, aprovar ou vetar leis – conforme o caso.

2. Ninguém, como as mães, exerce tanta influência sobre tão poucas pessoas, durante tanto tempo.

A imagem e as falas maternas gravam-se indelevelmente no íntimo de todos, por toda a vida, determinando muito de nossas decisões e escolhas.

("Poucas pessoas" significa: marido e filhos. "Tanto tempo" significa: de quinze a trinta ou mais anos – até que os filhos ganhem independência. Muitos não conseguem. A expectativa mais comum é que a família durará para sempre.)

3. Ninguém exerce tanta influência sobre tão poucas pessoas *no período mais formativo da personalidade* (da fecundação aos cinco anos de idade, mais ou menos).

O dado seguinte é fundamental para compreender a fundo toda a importância das mães na formação (e deformação) da personalidade e na conservação dos costumes sociais.

> *De muitas fontes e de muitas maneiras pode-se mostrar que os primeiros cinco anos de vida são decisivos para o desenvolvimento da personalidade.*

Essa é a conclusão de um século de Psicanálise.

4. Qual o maior desejo de todas as mães do mundo? *Que seus filhos sejam normais e, se possível, bem-sucedidos no mundo em que vivem.* Dito de outro modo: a imensa maioria das mães não mostra interesse em compreender as forças sociais e políticas que atuam sobre elas; compreendem menos ainda a influência que *exercem* ou *poderiam exercer sobre o destino de seus filhos e dos filhos de todas as mães, de cada país do mundo todo.*

5. Além de todo esse poder efetivo, as *mães gozam de um prestígio mítico inigualável*. "Mãe" é palavra mágica, capaz de despertar ressonâncias profundas em quem quer que a ouça, ressonâncias de amor (e raiva!), de respeito, reverência e muitos outros sentimentos, poderosos e contraditórios. Essa é outra força poderosa inerente à maternidade – a qualquer tempo e em todos os lugares.

6. "Mãe sempre está certa" ou "mãe sabe como é a vida". Com essas frases tão repetidas, a coletividade outorga às mães um poder tirânico de fazer o que lhes aprouver com os filhos –

sempre com a aprovação de todos. Mãe pode castigar o filho; ela *deve* agir assim se for preciso para educá-lo. Tampouco se assinala: se a mãe está sempre certa, então a criança está sempre errada, e assim se forma a sensação de inferioridade presente em todos nós (e nas mães também!).

Creio esteja claro, a esta altura, o poder das mães de transmitir os "Sagrados Valores Tradicionais" aos filhos. Esta é a sua função precípua. A mãe é o primeiro e o mais importante dos cargos públicos, cabendo a ela a função de gerar e modelar o comportamento de seus filhos, para fazer deles cidadãos "normais", aceitáveis para a sociedade na qual vivem.

Se a sociedade fosse bem organizada, justa, constituída de cidadãos pacíficos e cooperativos, tendendo para a igualdade socioeconômica de todos, então o papel das mães seria realmente divino.

Mas nosso mundo, sabemos, é por demais injusto, violento e inseguro. Basta assistir a um noticiário de TV e depois a alguns filmes de ficção para constatar esses fatos. São só tragédias, acidentes, corrupções, mentiras e, na ficção, intermináveis perseguições, caçadas, pancadarias, torturas...

Os homens (sexo masculino), pela sua história e pelos seus genes, são perigosamente agressivos

Consultando a História, aprendemos que, em dez mil anos da assim chamada civilização, nunca houve um ano de paz na Terra. Guerras, guerras e mais guerras – todas feitas em nome de Deus – dos dois lados.

Tão ruim ou pior do que isso: durante todo esse tempo e em todas as grandes civilizações, a sociedade sempre foi composta por 5% de "autoridades" (os poderosos), vivendo em ostentação e com poderes absolutos sobre quase todos os demais cidadãos; havia depois cerca de 15% de pessoas vivendo razoavelmente – à sombra dos poderosos – com casa, comida, educação e tempo de lazer; os 80% restantes compunham-se de seres subumanos destituídos de quaisquer direitos e regalias, a se darem por satisfeitos quando conseguiam sobreviver de restos. São os escravos, os prisioneiros de guerra, os servos, os camponeses, os operários, os soldados rasos; enfim, muito embora nunca se diga, as mulheres, as mães e as crianças.

Esse é um resumo dos piores aspectos da humanidade, caracterizando a agressividade incontrolável dos homens (sexo masculino). O sexo feminino, tão mais próximo da vida e tão mais importante para a continuação da espécie, não sofre desse mal.

Enfim, de cada cem crimes de violência praticados no mundo, 98 são cometidos por homens.

Estamos resumindo estudos sobre o genoma humano e sobre nossa Pré-história, ao longo da qual se intensificou nos homens a agressividade e a crueldade na *caçada*.

Vivemos UM MILHÃO *de anos como caçadores errantes,* e isso intensificou demais a agressividade masculina (*as mulheres não caçavam),* continuando depois, durante a História, a intensificar-se cada vez mais a ferocidade e a crueldade. Com a invenção da agricultura e do pastoreio, os homens começaram a *acumular reservas e riquezas;* com elas, despertava a ambição desmedida. Na caçada, seria inútil matar muitos animais; o grupo era pequeno (vinte, quarenta pessoas) e a saciedade limitava a destruição. Mas diante da riqueza, qual o limite?

Desse modo, a caçada se transformou em guerra de conquista.

É fundamental compreender:

> *A agressividade masculina pouco mudou em*
> *dez mil anos de História, mas, nesse período,*
> *as armas se tornaram destrutivas além de qualquer*
> *medida ou imaginação.*

Diante desses fatos por demais importantes para todos nós, e para todas as sociedades, é preciso concluir: se o poder econômico, político e militar continuar nas mãos dos homens, é certo que a humanidade será destruída.

Não fizemos outra coisa até hoje. Houve mais de vinte guerras só neste século e cinco ou seis em curso hoje (1999). Só o petróleo (e o turismo!) rende mais que a produção de armas, cada vez mais sofisticadas e caras.

> *Só as mães podem salvar o mundo, se forem
> – se formos – capazes de criar uma nova
> espécie de educação.*

Essa a finalidade última do Partido das Mães (PM).

Acreditamos ter demonstrado quão poderosas são as mães e quais as circunstâncias sociopolíticas que as tornam tão poderosas.

Até hoje, ameaçadas e dominadas pela agressividade masculina, limitaram-se ao que os poderosos exigiam delas: preparar as gerações sucessivas para serem dominadas com facilidade, atuando sobre as crianças a fim de torná-las obedientes, alheias a si mesmas e a quase tudo o que as cerca – massa plástica nas mãos dos poderosos.

Os anos decisivos

A força mais poderosa das mães está na influência que exercem sobre as crianças nos primeiros anos de vida, os mais plásticos, os mais impressionáveis e os mais decisivos para todo o sempre: são o chão da personalidade.

Sempre será possível acrescentar, mas impossível destruir ou dissolver.

A educação é para sempre

Mito da Família Perfeita nos diz: as crianças pequenas são engraçadinhas, frágeis, bobinhas, precisam de mil cuidados, nada têm a dar ou a fazer pelos pais e dependem em tudo da generosidade, abnegação, desprendimento e sabedoria dos adultos à sua volta.

Serão os pais sempre tão bons assim?

A criação de filhos baseia-se nestes graúdos preconceitos *contra a criança*. Fala-se dela, ainda mais do que da família, muito bem em público, mas no dia-a-dia ela não é tão bem tratada.

No entanto, a cada dia, novos estudos vêm demonstrando o quanto até embriões e fetos são capazes de perceber-reagir-aprender com tudo o que lhes acontece.

Filhotes de animais aprendem depressa – ou são comidos. Os predadores gostam demais de filhotes inocentes...

Com a criança humana o caso é bem pior, pois nascemos em estado de extrema dependência e não temos nenhuma possibilidade de nos afastar dos adultos antes de quatro ou cinco anos.

- ❖ Ao nascer o cérebro pesa 20% do corpo.
- ❖ No adulto, ele pesa apenas 2,5%.
- ❖ Aos três anos o cérebro já alcançou 90% de seu peso final.
- ❖ O cérebro consome 20% do oxigênio inalado, o tempo todo, dia e noite.
- ❖ A circulação cerebral na criança é três vezes mais volumosa do que no adulto.
- ❖ O ser humano pode aprender a vida toda.

Por isso e por muito mais, pessoas notáveis já disseram – de muitos modos:

*Todos nascemos gênios e a educação
nos torna medíocres.*

Todos esses dados apontam para a mesma direção: o que a criança mais deseja, o que mais precisa é:

aprender.

A seguir, reproduzimos alguns textos do livro *A criança mágica,* de Joseph Chilton Pearce (Ed. Francisco Alves, São Paulo, 1977). Meu xará verdadeiramente ama as crianças, mas ao mesmo tempo é um pensador complexo e difícil, com idéias bem-definidas sobre o melhor e o pior do que fazemos com, ou contra, as crianças. As citações mostram à plena luz os graves preconceitos alimentados por todos em relação a crianças, parto e educação. De outra parte, os textos relatam observações cuidadosas de fatos que põem em dúvida tudo quanto pensamos e tudo o que se diz a respeito – ou desrespeito – das crianças.

Citamos os textos com a intenção de orientar novas atitudes e novas práticas em relação a estes mesmos tópicos – desenvolvimento infantil, cuidados pré e pós-natais, o quanto o nenê é mais presente e vivo do que estamos acostumados a pensar.

Sem uma nova criança, uma nova mãe não tem sentido – e vice-versa!

Se lidos com atenção, os seguintes textos também nos obrigam a tomar atitudes frontalmente contrárias a consagradas e estabelecidas instituições e práticas, médicas e pedagógicas. Mas estas dificuldades servem bem para demonstrar o quanto, até hoje, parto e desenvolvimento infantil foram mal colocados e mal resolvidos – campo aberto a exigir revisão radical. Foi desses maus começos que se gerou a má humanidade, e a persistência destes maus começos mostra apenas que o sistema social faz tudo para se manter tal qual é – eternamente o mesmo – injusto, opressivo, cruel e sem compaixão.

"Nos anos 40, Bernard e Sontag descobriram que o bebê no útero respondia imediatamente com movimentos corporais aos sons feitos pela mãe ou sons de seu ambiente próximo. Em 1970, Brody e Axelrod afirmaram categoricamente não haver movimentos *aleatórios* no recém-nascido ou no bebê ainda no útero. Todo movimento, insistem eles, tem significado, objetivo e desígnio (minutos após o parto, o recém-nascido começa, em seu estado desperto, a fazer movimentos quase contínuos com seus membros, corpo e cabeça).

"Em 1974, dois pesquisadores da Universidade de Boston, William F. Condon e Louis Sander, publicaram um estudo sobre os chamados movimentos aleatórios, observáveis em *recém-nascidos*. Por meio de sofisticadas análises de filmes sonoros de alta velocidade e registros cinematográficos, eles descobriram que os chamados movimentos aleatórios coordenam-se imediatamente com a fala das pessoas próximas. Estudos feitos com auxílio de computação revelaram posteriormente que cada bebê tinha um repertório completo e individual de movimentos corporais sincronizados com as falas; isto é, cada um possuía respostas musculares específicas para toda e qualquer parte do discurso-padrão de sua cultura. Um bebê, por exemplo, movia ligeiramente seu cotovelo esquerdo cada vez que o som 'q' (como em quero ou queijo) soava nas frases. O som 'a' (como em pai) podia provocar movimentação do pé direito ou talvez do dedão do pé. Estes movimentos mostravam-se consistentes: o bebê sempre fazia os mesmos movimentos em reação aos mesmos sons ou seqüências de sons."

(Acrescento: os bebês reagem a *qualquer língua* sendo falada próximo a eles e não reagem do mesmo modo a músicas. Os movimentos são típicos e próprios em reação aos sons vocais, verbais. Notar, ainda: cada sílaba ou palavra desperta vários pequenos movimentos em *várias partes* do corpo.)

"Condon e Sander descobriram que podiam catalogar e alimentar o computador com o repertório das variedades de movimentos de um determinado bebê; gravaram depois uma fita sonora artificial de partes aleatórias das falas, combinando-as com aquele repertório pessoal do bebê. O computador mostrava-se então capaz de prever exatamente que movimento o bebê faria ao ouvir cada um dos sons executados. Em seguida tocavam a fita para o bebê enquanto o filmavam em alta velocidade (câmara rápida). A seguir checavam o resultado, quadro por quadro; com regularidade total, cada som provocava o movimento corporal correspondente, tal como havia sido catalogado no computador.

"Estudaram então crianças mais crescidas e depois adultos; descobriram que os padrões de sincronização eram universais e permanentes. Na idade adulta os movimentos tornavam-se microcinéticos, só discerníveis através de instrumentação; apesar disso eram claramente detectáveis. A única exceção referia-se a crianças autistas, o que pode ser importante para se compreender e lidar com este quadro tão estranho.

"Como cada bebê exibe um repertório de movimentos bem-definidos *apenas doze minutos após o nascimento,* a lógica nos impele aceitar que o bebê tenha estruturado estas respostas – ou ao menos as esboçou – ainda quando em vida intra-uterina.

"O que importa neste exemplo é que *a aprendizagem já está acontecendo no útero*. Notar: a palavra é uma das estruturas humanas mais complexas e intrincadas. O fato de tal aprendizagem ocorrer ainda na vida fetal obriga-nos a reavaliar nossas noções sobre aprendizado em geral, sobre como aprendemos a falar, e na certa põe seriamente em dúvida a noção de ser feto – ou o recém-nascido – um 'organismo psíquico indiferenciado'" (pp. 63-64).

Lembrar: existem mais ou menos duas mil línguas no mundo. O fato notável – em relação às palavras – é este: *qualquer* criança aprende a falar a língua *de seu mundo*. O cérebro – e o corpo! – pode reagir de modo semelhante a qualquer uma destas duas mil línguas!

Informação prévia: no mundo ocidental aceita-se que um nenê só comece a sorrir depois de dez ou doze semanas de vida.

"Em 1956, Marcelle Geber, subvencionada pelo Fundo das Nações Unidas para a Infância (Unicef), viajou para a África a fim de estudar os efeitos da subnutrição infantil no desenvolvimento da inteligência. Concentrou-se no Quênia e em Uganda e fez grandes descobertas inesperadas: encontrou os bebês e as crianças mais precoces, brilhantes e avançadas como jamais encontradas em lugar algum. Começavam a sorrir contínua e entusiasticamente o mais tardar em seu quarto dia de vida. Análises sangüíneas mostravam, já no quarto dia de vida, a ausência total de todos os hormônios esteróides ligados ao estresse do parto. A aprendizagem senso-motora (forma fundamental de inteligência na criança) e o desenvolvimento geral mostravam-se fenomenais, na verdade, miraculosos. Esses bebês ugandenses encontravam-se meses à frente de crianças européias e americanas. Nos primeiros quatro anos de vida, persistia um desenvolvimento intelectual superior. Esses bebês nasciam no lar e de regra a própria mãe fazia o parto. A criança nunca era separada da mãe, que a massageava, acariciava, cantava para ela e a envolvia em extrema meiguice. A mãe carregava sempre o nenê nu próximo a seu peito, contido em uma tipóia. Ele dormia com ela e era alimentado de acordo com seu próprio horário. Ficavam acordados por um longo período de tempo – alertas, atentos, felizes, calmos. Quase nunca choravam. As mães estavam tão bem vinculadas com seus filhos que pressentiam sempre suas necessidades de evacuação e ninguém se sujava... A mãe reagia a cada gesto do bebê e ajudava-o em qualquer movimento que tentasse realizar, de modo que cada movimento da criança alcançava sucesso imediato. Com 48 horas de idade, esses bebês assentavam-se audaciosamente retos, com um equilíbrio perfeito da cabeça, seus olhos muito bem focalizados na mãe, atenta e inteligentemente.

Não paravam de sorrir!

"...A mãe ugandense trabalha perto de sua casa *até uns cinco minutos* antes do parto. Mais ou menos *uma hora depois,* já está na rua de novo, mostrando seu novo bebê para os vizinhos.

"...Quando a mãe australiana está pronta para dar à luz, retira-se de sua tribo. Cava um buraco na areia, senta-se de cócoras sobre ele, dá à luz, espera a saída da placenta e a come. A placenta é mais nutritiva do que carne de fígado e muitos povos primitivos – e animais – a comem... Ela abraça então o filho e volta para unir-se à sua tribo. Ficou ausente não mais de vinte minutos.

"...Nos Estados Unidos, gravidez e parto são tidos, na prática, como doenças, das quais só os médicos entendem... Para os povos primitivos, para os *hippies* em seus lares não muito limpos, o parto é uma experiência natural, eufórica e extática.

"...O que é natural não precisa ser pago nem precisa de profissional, que nos rouba aquilo que é naturalmente nosso para nos vendê-lo de volta – e bem caro! Se a noção de parto natural predominasse, como seria possível fazer com que as mulheres fossem mantidas no estado de medo que as faz correr para toda a parafernália médica, adotar posição artificial e constrangedora, submeter a si e ao bebê a uma série de insultos e violações pessoais, obrigando os maridos a gastar tanto dinheiro para pagar o profissional e o estabelecimento inúteis – ou prejudiciais."

"William F. Windle separou algumas macacas e tratou-as com todos os benefícios da nossa medicina moderna. Ministrou-lhes anestésicos na hora do parto, proporcional ao peso. Nascido o macaquinho, seu cordão umbilical foi cortado depois de um tempo que era o tempo médio de se fazer o corte na maioria das maternidades. Em todos os casos os macaquinhos não respiraram por sua conta, necessitando de 'ressuscitadores' artificiais. Seus sujeitos pouco mostravam de recém-nascidos da espécie. Eram parados e indefesos, incapazes de se agarrar à mão (como o fazem os nascidos naturalmente). As mães, estonteadas pelas drogas e pelo parto prolongado (devido a estas mesmas drogas), mal podiam ajudá-los. Quanto tempo demorou para que esses macaquinhos mantivessem seus membros em posição adequada e iniciassem alguma atividade senso-motora? Duas a três semanas – enquanto na natureza esse desenvolvimento é o do recém-nascido!"

(Informação adicional: nossas crianças, nascidas pelas mãos da ciência, mostram hormônios do estresse – supra-renal – durante *dois ou três meses* depois do parto. Em Uganda, *três a quatro dias...* Esse dado, respeitado como "objetivo" e, pois, "científico", nem por isso e nem assim convence os esculápios, fazendo-nos recordar a triste história de Semelweiss, o homem que lavava as mãos antes de examinar suas pacientes. Em sua enfermaria praticamente não se morria de febre puerperal, enquanto nas demais a mortalidade alcançava 90%! A medicina oficial reconheceu o fato? Só depois de muitos e muitos milhares de mortes de parturientes. *Causa mortis:* orgulho, presunção e ignorância culposa dos médicos.)

Depois destes esclarecimentos tão surpreendentes podemos repetir: o que a criança mais deseja e precisa é aprender.

Mas há uma enorme pedra no meio do caminho: quase toda a comunicação das crianças pequenas com adultos se faz por meio da linguagem

não-verbal,

bastante incompreensível para a maioria das pessoas.

É bom começar lembrando ser esta linguagem natural; é a usada pelos animais. Eles percebem e reagem, certamente sem falar, e é clara sua competência em alguma forma de comunicação.

Quem tem cão sabe muito bem o quanto eles se fazem entender. Crianças, até muitos meses de idade, se exprimem através de movimentos e sons variados quase sempre fáceis de entender quando se percebe bem a situação. Mas as pessoas, viciadas nas palavras e pouco treinadas na observação, acham difícil entender os sinais emitidos pelos pequenos. A maior parte dos adultos sente grande alívio quando a criança começa a *dizer* o que sente, quer ou precisa.

Para dificultar mais ainda as coisas, é preciso considerar o quanto as pessoas têm pouca consciência das *próprias* expressões, da música da própria voz e da forma de seus gestos. No mundo da linguagem não-verbal, a maior parte das pessoas se comporta como um surdo-mudo, e é assim que ocorre a maior parte do diálogo entre adultos e crianças, com graves desentendimentos entre ambos.

Mas é preciso saber mais sobre esta linguagem – podemos chamá-la de concreta; é um aprendizado direto pela experiência, sem nível algum de abstração, pura *prática,* no sentido adulto da palavra. Outrossim, é sobre esta experiência que ocorrerá o desenvolvimento da *inteligência;* esta é uma declaração hoje banal em educação, resumo mais do que sintético de quanto nos ensinou Piaget (e outros).

Dizendo de outro modo: sem muita prática, ninguém sabe o que está fazendo nem entende as coisas; esta declaração vale para qualquer idade e de modo especial para os primeiros anos de vida.

Como bichinho saudável, a criança se interessa por tudo, quer mexer em todas as coisas, ir a todos os lugares, experimentar o quanto lhe é possível com as mãos, os olhos, a boca, o corpo todo. Ela precisa "encher" o cérebro de experiências, sem as quais nada pode fazer.

Na vida muito ocupada das pessoas, não há muito tempo para acompanhar a criança ou proporcionar-lhe esta variedade de estímulos e então substituímos o muito experimentar pelo muito falar, e terminamos falando demais sem saber bem do que estamos falando, ou a que estamos nos referindo quando falamos!

Pior ainda: sabemos bem demais quantas vezes dizemos para elas

NÃO.

*Cada "não" significa um movimento tolhido,
um gesto preso, uma experiência frustrada,
um aprendizado impedido,
uma independência proibida.*

Sim, uma independência *proibida*. O melhor – ou o único – fundamento da confiança em si mesmo e da independência verdadeira só pode nascer da experiência bem vivida, bem sofrida e bem assimilada. Substituímos esta experiência concreta e real por mil conselhos (preconceitos) sobre o que é direito e o que não é, o que é certo, de quem é a culpa, quem deve ou não deve, mais todas as frases feitas relativas a tudo o que os pais devem ensinar a seus filhos. Tudo por demais desligado da experiência infantil e, pois, de sua compreensão verdadeira. Fabricação de papagaios a falar sem saber o que estão dizendo, ou gravações em cassete, para eternizar a insensatez coletiva.

A criança não entende nada destes conselhos, mas eles permanecerão para sempre em sua mente, atrapalhando todas as suas decisões e escolhas, perturbando a consciência e complicando os sentimentos.

As coisas se encadeiam com uma lógica de ferro.

É preciso tornar a criança muito mais dependente dos pais do que a natureza determinou; assim ela se fará mais dócil, obediente, temerosa e subserviente diante dos adultos, de início mãe e pai, depois "os mais velhos", professores (em todos os níveis), patrões, sacerdotes, governadores, presidentes...

Ficam assim reforçadas todas *as relações de poder.*

Por isso, limitamos demais a experimentação infantil, em nome de mil motivos e preconceitos discutíveis, a fim de tornar a criança mais fácil de manipular, dirigir, orientar, "dobrar".

Com algumas vantagens adicionais nada desprezíveis: depois de ter sido tão limitada em sua riqueza de possibilidades e movimentos, ao crescer ela mais facilmente se adaptará a trabalhos inexpressivos e monótonos, como são os empregos e profissões mais comuns.

Ela não será muito gente, nem muito humana, tampouco feliz e muito menos livre, em compensação – será compensação mesmo? – terá emprego e garantirá seu salário e sua subsistência.

Quase ninguém pensa quanto custa esta segurança. Ela está muito próxima daqueles pactos em que a pessoa "vendia a alma para o diabo...".

Além disso, a pessoa mediocrizada pelas restrições "educativas" será na certa um cidadão sério, honesto e operoso, sempre disponível – sem protesto algum – diante de todas as manipulações, abusos e corrupções dos "de cima".

Este tipo de educação, "acredite e se comporte como as autoridades dizem e nada faça para saber como as coisas se passam realmente", tão presente hoje como na Idade Média, levou pessoas amantes da Humanidade a se convencerem de que todos nascemos gênios e o que chamamos de educação nos torna medíocres.

Anos depois, nossas formas de trabalho (oito horas por dia de monotonia) eternizam essa mediocridade.

Nasce assim

normopata,

tido nas estatísticas como Homem Normal....

Abusamos da credulidade e da confiança inata da criança nos adultos que a cercam, para limitá-la em quase todas as direções.

Esse vício ou essa forma de... deformação pode ser visto facilmente na História da Desumanidade. Confúcio, Aristóteles e Galeno, lembrando apenas três figuras eminentes, foram "autoridades" indiscutíveis (ninguém podia duvidar deles) durante quase *dois milênios*. E sobre Confúcio convém lembrar: ele dizia que as mulheres não têm alma; portanto, matá-las não era crime.

A desumanidade está por demais predisposta a ser obediente e cega; a ver, aceitar ou acreditar naquilo que "as autoridades" dizem; disposta inclusive a viver, morrer e matar por essas "verdades", invariavelmente tidas como "eternas" – mesmo quando se sabe que além da fronteira a verdade eterna é outra...

É fácil ver o quanto a História se repete em cada lar, e o quanto as "autoridades" originais são mãe e pai – modelos para atuação de todas as "autoridades" subseqüentes. Por isso "o povo" dá aos pais poderes ditatoriais!

Lembremos também: *a maior de todas as autoridades é a chamada voz do povo, ou opinião pública, aquilo que todos dizem, muitas e muitas vezes, mesmo sem pensar: a ideologia, a soma dos preconceitos de cada grupo.*

Maturação do sistema nervoso

Os dados seguintes são os mais fundamentais quando se contempla a possibilidade de criar uma geração efetivamente nova de seres humanos.

Muitos dos estudos sobre o sistema nervoso nos levam à conclusão errônea de que ele se desenvolve segundo etapas bem-definidas e constantes.

O melhor documento para verificar essa asserção temo-lo nos bem conhecidos livros de Gesel e Amatruda, nos quais se descreve passo a passo o gradual aparecimento de muitas aptidões na criança, a cada mês ou a cada ano que passa. Não se declara, mas está implícito, ser este o padrão de desenvolvimento de *qualquer* criança, em *qualquer* parte do mundo.

A noção está em paralelo com este curioso e ridículo preconceito: ao atingir a idade adulta, aí se detém o desenvolvimento. Conclusão óbvia e falsa: todos os adultos são iguais entre si e permanecem iguais a si mesmos dos vinte aos sessenta anos!

Basta ver as diferenças raciais e culturais, tanto em crianças como em adultos, para negar as duas afirmações (ver o caso de Uganda).

É evidente que seja diversa a maturação do sistema nervoso conforme os costumes de cada lugar.

Mas há casos muito mais impressionantes. Constatou-se mais de uma vez, em autópsias, a completa aplasia (não-formação) do cerebelo. As autópsias revelaram que não se tratava de má-formação, mas sim de uma completa *não*-formação desse órgão. *No relato da vida da pessoa não se constatou sinal ou sintoma algum ligado a essa falha*. Ora, o cerebelo pesa tanto quanto uma quarta parte da massa nervosa contida no crânio, e seu papel é fundamental na coordenação motora. Mas quando a falha é de nascença, o cérebro encontra outros modos de realizar a mesma função.

Inspirados por fatos semelhantes, pesquisadores puderam demonstrar que, até os dez anos, o sistema nervoso é plástico quanto à sua formação, isto é, experimentando ou comprovando clinicamente, pode-se mostrar *que o sistema nervoso se estrutura de modos diferentes, conforme as experiências a que o animal ou a criança foram expostos.*

Em outras palavras: o cérebro infantil modela-se pelas experiências a que a criança foi submetida, e segundo um cientista ousado, poderíamos obter vários tipos de crianças, com sistemas nervosos bem diferentes e, portanto, com comportamentos distintos.

Temos aqui um dado por demais promissor como esperança e, ao mesmo tempo, mais um argumento a favor da modelagem infantil imposta pela sociedade, usando a mãe como instrumento.

Fazendo demais para seus filhos, as mães impedem que eles aprendam e, sobrecarregadas de tantas obrigações, tão numerosas e difíceis, tendem a cobrar dos filhos tanto quanto cobram de si mesmas. Traduzem toda sua angústia e incerteza em repetições intermináveis de bons conselhos inúteis, pura expressão de desespero e impotência, pois crianças nada têm de boazinhas, dóceis ou obedientes. Crianças são bichinhos muito ativos, espertos, perceptivos, de todo livres de qualquer espécie de moral, escrúpulos ou princípios... e cobram dos pais com o apoio de todos.

Alguns objetivos do Partido das Mães

É preciso deixar bem claro e estabelecido desde o começo que o PM é uma proposta nova e de muitos modos surpreendente. Vale dizer: ninguém sabe muito bem o que fazer com esta boa idéia. Mais do que um programa, esta cartilha é um convite para começarmos a pensar no assunto.

De início, pensamos em umas poucas reivindicações.

Reciclagem das mães, a fim de torná-las mais aptas e mais seguras para acompanhar e influir no desenvolvimento de seus filhos.

O problema é gritante (as dificuldades da educação domiciliar), mas até hoje não foi levado em conta.

> *Criar filhos e conviver durante trinta*
> *ou mais anos com um companheiro são as*
> *atividades mais difíceis da vida humana.*
> *Onde aprendemos essas atividades?*

Um preconceito diz que mãe sempre sabe o que faz. O preconceito, por sua conivência, mantém-se porque reforça o autoritarismo dos poderosos.

Por isso, reivindicamos para o PM, como exigência inicial, uma

Escola para aprender a educar filhos.

Espera-se, contudo, que essa escola esteja sincronizada com as novas tendências do mundo e com os novos conhecimentos sobre a criança. Espera-se, por isso, *que a escola não se ponha a repetir os velhos conselhos e preconceitos que influíram na família até hoje,* e que são, como tentamos mostrar, uma das grandes causas da continuação de uma História da Desumanidade, ou da desumanização dos seres humanos desde o berço.

Não sei e pouco se sabe sobre uma escola com essa finalidade. Há alguns pontos para começar a discussão, mas elaborar mais ampla e mais fundamentalmente a organização dessa escola será uma das grandes atividades de todas as pessoas interessadas no projeto PM. Todas as sugestões são bem-vindas.

Igualmente óbvio, diante do que foi dito, esteja a escola concentrada no estudo dos cinco primeiros anos da vida e na comunicação não-verbal.

Finalidade essencial da escola, à primeira vista surpreendente, será descondicionar os adultos (os pais) em relação a tudo o que sabem e sofreram da família em seu modelo tradicional, com seu cortejo de preconceitos impossíveis e contraditórios.

Será preciso uma classe onde os alunos – futuros pais – aprendam a dizer tudo o que querem *sem usar* palavras como Família, Pai, Mãe, irmão, parente, você devia, a culpa é sua, assim é o certo, pai sempre sabe o que faz e mãe está sempre certa.

Tudo isso é o começo do autoritarismo. Parece que seria desejável que a democracia começasse dentro da família, com certa igualdade de direitos e deveres entre pais e filhos.

E hoje a neurolingüística está aí, mostrando o poder mágico das palavras.

Outra reivindicação do PM: *Sindicato das Mães*.

As mães, mesmo as precárias, são a classe mais laboriosa do mundo, sem horário de entrada nem de saída, com uma multiplicidade de obrigações, de longe mais numerosas e complexas do que a imensa maioria das atividades masculinas. São muito elogiadas, mas bem pouco auxiliadas, ou sequer apoiadas e esclarecidas sobre seus misteres. Isso para não falar das que trabalham fora de casa...

Por tudo isso, é preciso começar a pensar em um *salário para as mães* e, se necessário, ou conveniente, na fundação de um Sindicato das Mães.

Por demais necessária a influência do Partido das Mães sobre a organização do ensino, a fim de garantir a *continuidade da influência* entre maternidade, lar e escola.

É preciso reconsiderar as maternidades, combater a noção de que gravidez é uma doença a exigir hospitalização, combater a noção terrorista de que o parto é algo espantosamente terrível.

Ao mesmo tempo, começar a exigir desses hospitais um parto humanizado, do tipo "parto natural sem medo", e cuidados estilo Leboyer para com os recém-nascidos.

Na Holanda, por exemplo, com taxa mínima de acidentes de parto, estes são realizados *em casa,* com uma ambulância bem-equipada de plantão *na rua*.

O que e como fazer

Depois de ler esta cartilha, você nos enviará sua resposta: seu nome, endereço e mais dados pessoais e familiares ficarão registrados em computador, leremos todas as críticas e propostas que chegarem a nossas mãos.

Esperamos com o tempo amiudar este diálogo, por meio de cartas, a fim de acompanharmos de perto as expectativas, esperanças e exigências das pessoas que estiverem conosco.

Nossa proposta é original e precisamos da cooperação de todos os interessados no projeto, mulheres e homens. Mas esperamos que você não fique limitado a esta troca de correspondência.

Sugerimos que você amplie o número de pessoas interessadas, pessoas próximas por parentesco, amizade, vizinhança e ideais semelhantes. Faça reuniões com essas pessoas. Discuta trechos desta cartilha.

Esses exames e análises irão aos poucos favorecendo a compreensão de quanto será necessário fazer para que a família seja mais verdadeira; dizemos até, para que ela se torne possível, pois, exemplificando com o papel da mãe, podemos dizer: nenhuma mulher no mundo é tão virtuosa e tão sábia quanto nossos preconceitos nos dizem que ela deveria ser...

Lembremos: a família tradicional, bem ou mal, nos trouxe até aqui e só por isso deve ser tida como ótima. Mas neste século a Humanidade mudou mais, socialmente, do que em todo o resto de nossa História (dez mil anos) e de toda nossa Pré-história (de um a dois milhões de anos).

Por isso é necessário rever a velha instituição, reestudá-la e reciclá-la, ou corremos o risco de educarmos – ou prepararmos – nossos filhos para um mundo que não existe mais...

Alguns pontos para reflexão

Um dos pontos mais importantes e discutíveis desta cartilha é o que se refere à agressividade masculina.

Há muito se discute se o homem é inerentemente agressivo, ou se, mais saudável, ele reagiria com raiva e agressão somente quando provocado.

Como, até hoje, a Humanidade só conheceu períodos de certa paz e fartura *com duração de poucos decênios*; como nos demais períodos *sempre houve pouco para muitos*, viviam todos preocupados com a sobrevivência – isto é, sentindo-se ameaçados pela morte, miséria, fome.

Essa situação servia como pretexto e estímulo permanente para alimentar a ambição sem limite de todos os que estavam em posição vantajosa. Era preciso assegurar-se com quaisquer meios a fim de não ser roubado ou espoliado. O pretexto, em certa medida plausível, servia para todos os abusos de autoridade e para todas as loucuras dos poderosos.

*Dado um mundo em que houvesse de tudo
para todos, nossa agressividade ainda assim
seria tão perigosa quanto dissemos?*

A bomba

O problema crítico, em nosso contexto, é a *superpopulação* – muito falada, mal compreendida, servindo apenas para inúmeras e inúteis polêmicas sem fim.

Tantos governos retrógrados, ou medrosos das forças religiosas reacionárias (cristianismo católico e islã), vítimas de uma cegueira alarmante e frenética, insistem na reprodução "natural".

Esquecem todos que a espécie humana é a mais numerosa do mundo, que estamos destruindo o planeta a fim de alimentar a todos, empilhando lixo e poluição em quantidades monstruosas.

Esquecem todos que a *espécie humana é a única que se tornou capaz de regular a natalidade,* de controlar o número de pessoas de qualquer região.

Parece mentira que pessoas, de muitos modos cultas e racionais, não se dêem conta do valor desse dado.

Os homens até hoje se reproduziram como ratos, baratas e gafanhotos, sem levar em conta os recursos naturais disponíveis para a sobrevivência.

Recursos materiais e espirituais

Nunca homem algum teve todos os cuidados e todos os recursos para se desenvolver ao máximo. Nem sabemos o que isto significa. Em educação fala-se sempre em "desenvolver o potencial" das pessoas, mas pouco se cogita das condições necessárias para esse desenvolvimento.

Para dar um exemplo cotidiano e universal: enquanto as escolas tiverem classes com mais de trinta alunos, falar em educação individualizada ou é amarga ironia, ou uma palhaçada de péssimo gosto.

Seres humanos só se desenvolvem sob a atenção pessoal de outros seres humanos. Quando os números ultrapassam certo limite, qualquer pretensão de educação se torna impossível.

Será imperativo que o PM entre na luta pelo controle da natalidade.

Enquanto descuidarmos de nossos números, é certo que se manterá ativa nossa agressividade – conforme a descrevemos no texto.

- É a ameaça coletiva que mantém ativa nossa agressividade genética e ancestral.
- Se meu próximo, a qualquer momento, estiver faminto ou for um miserável, terei sempre medo de me ver na mesma situação, farei todo o possível e usarei todos os meios para me sentir seguro (seguro de não ficar como ele...).
- Daí a ambição agressiva e desmedida de ter mais... mais... mais...
- Amar ao próximo não é um conselho divino – é uma fatalidade.
- Ou nos amamos – todos.
- Ou nos danamos – todos.

Tópicos sobre a família vista pelos preconceitos sociais, comparada com a família real

Existe uma distância considerável entre o que se diz publicamente sobre a família e o que de fato acontece no lar.

O discurso coletivo considera a família perfeita e imutável, lugar ideal para a realização amorosa e da mais perfeita educação dos seres humanos. Para consolidar este parecer, são formulados e repetidos à exaustão duas dezenas de preconceitos pouco mais do que tolos.

A experiência individual, de sua parte, diz quase o contrário: a infelicidade conjugal é antes a regra do que a exceção.

A família, diante da maioria dos estudos psicológicos, surge como a principal instância na formação coletiva e maciça da neurose, isto é, rigidez de comportamento, dificuldade de adaptação, conservadorismo, medo de tudo (ansiedade crônica). E nos estudos de sociologia, como a raiz primária do autoritarismo, elemento essencial na continuação da opressão de poucos sobre muitos – resumo de nossa história ambiguamente chamada de História da Civilização.

Enfim, neste século a Humanidade mudou mais do que em toda a sua História e ainda se pretende – *no dizer dos preconceitos* – que a família permaneça a mesma.

> *A soma de infelicidade pessoal,*
> *incompetência profissional e civil, geradas por*
> *essa situação, é incalculável.*

Vamos alinhar, a seguir, muitas das incongruências mais evidentes da família e depois sugeriremos como usar esses itens em grupos de discussão centrados na reeducação das mães, pais e filhos – objetivo desta proposta.

Formularemos os itens, sempre que nos for possível, em forma de perguntas, facilitando e estimulando assim a discussão.

A promessa de casamento – serei toda tua, somente tua, em tudo e para sempre –, juramento feito perante Deus, tem cabimento? Algum ser humano, em algum lugar do mundo, poderia em sã consciência fazer um juramento destes? E se não, por que o fazemos? Será bom começar uma ligação pessoal com uma promessa tão grande, tão abrangente e tão impossível? Os fatos do cotidiano, o número crescente de separações efetivas, mais os inumeráveis desejos não realizados de separação, não demonstram à saciedade a impossibilidade de um tal compromisso?

A família é a única coisa "eterna" em um universo que é mudança permanente de tudo. Esta situação não gerará nas pessoas atritos e desacertos cada vez mais freqüentes e profundos? Nas eternas e dolorosas brigas de casal, serão culpados os indivíduos, ou são as exigências absurdas das instituições a causa principal destes desacertos e deste sofrimento? Sabemos que todo o descontentamento das pessoas, oriundo do cotidiano, de uma organização social precária, pouco satisfatória para quase todos, deságua – ou explode! – no lar, onde os desabafos são permitidos – e só aí! Assim o lar se faz uma panela de descompressão de toda a irritação e frustração dos cidadãos.

A família existe para a realização amorosa de duas pessoas, para a educação dos filhos, para garantir a segurança financeira e o patrimônio ou para manter e fortalecer a estrutura patriarcal da sociedade? Será que estas exigências são compatíveis, poderão elas se realizar simultaneamente no lar? Garantir o patrimônio e a segurança social exige compromissos de longa duração, envolvendo até gerações sucessivas, até séculos! O amor entre duas pessoas na certa não dura o mesmo tempo. A educação dos filhos termina em certa idade – esperando-se depois que continuem por conta própria. A estrutura social autoritária é tida como "natural" (atravessa toda a História conhecida) e dura indefinidamente. Então, o que e como fazer para harmonizar estas exigências tão assincrônicas? Como sempre, a divisão e as tensões se concentram nos indivíduos e estes passam à eterna tortura recíproca da culpa é sua, você devia e eu estou certo – e com quem ficam os bens e o espólio!

É natural que a mãe se preocupe a vida toda com seus filhos, mesmo os de trinta, quarenta anos ou mais? É essa a lição da natureza, cuja sabedoria tanto elogiamos? Nela, quando o filho se torna adulto se afasta dos progenitores e até, por vezes, é afastado por eles (caso de aves expulsas do ninho pelos pais quando já capazes de voar).

O amor é natural ou é uma invenção recente da Humanidade? Ele começou na Idade Média com o amor cortês, ressurgiu elaborado com o movimento romântico na música e na literatura, mas só se tornou coletivo no século XX depois dos anos de 1950 – principalmente por influência dos romances, de Hollywood e da TV. Antes disso quase todos os casamentos eram de conveniência – como se dizia então. Em muitos lugares continua a ser bem mais um negócio entre os mais velhos do que uma união entre duas pessoas jovens (Índia, Japão, China e outros).

O autoritarismo começou na Índia (com a invasão ariana, c. 3 000 anos a.C.) e no Oriente Médio (pouco depois) com os tiranos guerreiros de Ur, Uruk e depois assírios e egípcios. Foi consagrado, enfim, sob forma religiosa, com Jeová, e dura até hoje, com suas clamorosas injustiças, opressão e exploração do homem pelo homem.

Em família está autorizada a agressão, isto é, em casa as pessoas se comportam muito pior do que com estranhos. Não é estranho? O lugar do amor legítimo é onde as brigas acontecem quase todos os dias e não raro se revestem de muita violência nas palavras, nos gritos, nos gestos, nas ameaças graves, espancamentos, chegando até a assassinatos. Por que esta contradição? Não será para que os adultos imponham seus costumes às crianças, para que desde o começo aprendam que o de cima tem de ser obedecido porque senão acontecem coisas feias? Não será no lar – doce lar – o lugar onde se cultiva a subserviência, a obediência resignada, a impossibilidade de criticar, a noção de que os superiores são perfeitos e cuidam de nós? Será verdade que os superiores cuidam sempre bem dos seus subordinados?

Se aprendemos desde cedo que pais, professores, patrões, sacerdotes, policiais e tantas outras autoridades estão sempre com razão, se "não se deve" criticá-los, quando e onde aprendemos o exercício da democracia?

Mais uma contradição – semelhante à apontada. Fora de casa as pessoas posam de casamento e família feliz e "maravilhosa". Mas se pudéssemos saber o que acontece portas adentro do lar, ficaríamos deveras espantados com o contraste. Por que tanta simulação e tanta dissimulação? Por que o lar acaba se tornando escola de hipocrisia? Por que tanta diferença entre o "dentro" e o "fora"?

Nos indivíduos, essa diferença é a raiz de toda a patologia da neurose, conflito permanente entre a fachada brilhante das pessoas, quando no palco social, e sua miséria interior, quando a sós, à noite...

Em família as ações, as falas, as brigas e os conselhos *se repetem centenas ou milhares de vezes,* o que demonstra com clareza meridiana que elas são inoperantes, sem efeito, que os familiares se comportam como gravadores de som, "ligados" o tempo todo, repetindo, repetindo, repetindo – à toa. Nenhum animal, mesmo o mais estúpido, repete ações que não dão resultado. Se por um caminho não vai, ele escolhe outro. Só em família as pessoas se repetem desta forma absurda. Por quê? Porque sair dela é difícil demais e viver dentro dela não é nada fácil. Nem precisa ser família. Se, no trabalho, tivermos de conviver muitos anos com as mesmas – e poucas – pessoas, todas as repetições e desgraças da família começam a acontecer aí – no trabalho. Viver entre quatro paredes sempre com as mesmas pessoas é o inferno, como o demonstrou Sartre.

Ao lado da repetição, e por causa dela, gera-se na família a mais completa *irresponsabilidade.* As ações não têm conseqüências ou custam, no máximo, um sermão – sempre o mesmo. E as pessoas continuam a fazer todas do mesmo modo – como autômatos. Se no trabalho falhamos umas poucas vezes, somos despedidos. Em família podemos repetir o mesmo erro milhares de vezes e nada acontece. Tem cabimento?

A repetição interminável não está dizendo que os familiares desejam se afastar uns dos outros? Em qualquer outra área, quando repetimos umas poucas vezes pedidos, ordens ou desejos que não se realizam, desistimos, tomamos outro rumo. Mas em família não pode. Há muito tempo a família é comparada a uma prisão e há elementos de sobra para se pensar nessa semelhança. Alguém pode ser feliz numa prisão?

Não raro, após alguns anos de convívio, marido e mulher, se não se tornam indiferentes um ao outro, vão se fazendo espiões e policiais entre si, para que nenhum dos dois prevarique – pois sentem ambos vontade de prevaricar, de variar, de sair, de se libertar da mesmice opressiva – de respirar!

Enfim, a eterna repetição gera nos familiares um tédio imenso e aos poucos um desespero profundo – porque nada muda apesar dos desejos, pedidos e sacrifícios, e porque é preciso ficar aí – para sempre! Nada mais desesperador do que a prisão perpétua.

O pior de todos os estresses – o maior gerador de moléstias psicossomáticas – é, indiscutivelmente, a família!

Conviver com um adulto do sexo oposto durante muitos anos, conviver com e criar filhos são as duas tarefas mais difíceis da vida. Onde aprendemos a fazer isso? Só com nossos pais e então repetimos com nossos filhos o que foi feito conosco, e todos ficam marcando passo – e cada vez mais fora do mundo, que vai mudando sem parar.

Preparamos nossos filhos para o passado!

Frase clássica: os pais precisam orientar os filhos. E quem orientou os pais? Chega a ser engraçado. Parece que basta alguém se tornar mãe ou pai e imediatamente se torna um superser capaz de compreender, amar incondicionalmente, estar sempre pronto a se dedicar integralmente aos filhos e ao companheiro. Tem cabimento? Existe isso – ou assim?

A leitura de livros e revistas sobre educação confirma e reforça interminavelmente esta "lógica"! Em quase todos, quase sempre, lemos sobre tudo o que os pais devem fazer – mil coisas difíceis – e quase nunca se pergunta se serão capazes, se têm preparação, se estão dispostos – principalmente se estão dispostos o tempo todo ou a qualquer momento! Isto é, também os educadores são engolidos por esses preconceitos descabidos e os reforçam.

Com isso não se consegue nada mais do que intensificar continuamente o sentimento de culpa de mães e pais – das mães principalmente. Na sua incerteza, não tendo apoio nem esclarecimento, as mães se sentem – por vezes a vida inteira – responsáveis por tudo o que de mal acontece, aconteceu ou poderia acontecer com seus filhos.

*Esse é, com certeza, o pior fardo
carregado pelas mães.*

Lendo atentamente estes "deveres" intermináveis dos pais, conclui-se que para ser mãe ou pai é preciso, antes, ser santo! Também os próximos – sogras, mães, parentes, vizinhos, TV – vivem dizendo e exigindo essa santidade, dizendo o que a mãe deve fazer, como se essa santidade fosse natural, normal – e fácil!!!

Mãe e pai não podem – não devem – cobrar nada dos filhos – outra exigência impensada. Sabemos que eles cobram – e caro! Cobram o que e como? Exigindo que os filhos sejam "bem-educados", isto é, obedientes às normas sociais dominantes. Cobram, na verdade, todo o sacrifício que lhes foi exigido – quando pequenos – para serem... bem-educados! Se eles sofreram tanto, por que os filhos não precisam sofrer?

É preciso concluir, asperamente: *quando as pessoas começarão a pensar no que dizem em relação à família, em vez de se fazerem repetidoras inconscientes de exigências impossíveis para si mesmas e, pior, exigindo o mesmo dos outros?*

Desta forma, a fala sobre a família vai se fazendo cada vez mais distante da realidade, do cotidiano e de nossas limitações irremediáveis.

Repetir o coro reforça estas exigências e o sistema autoritário que nos oprime a todos.

Se deixássemos de repetir como papagaios, se procurássemos *sentir* um pouco antes de falar este rosário de preconceitos, já seria um começo de revolução.

Triângulo das Bermudas – dos naufrágios – de toda a família e de toda a felicidade humana: "mãe está sempre certa", "pai sempre sabe o que faz"; e vértice inferior do triângulo da opressão: "criança não sabe – e não pode – nada". Corolário: "os pais devem saber e fazer tudo pelos filhos". Esta frase é infernalmente equívoca, pois parte dela é indiscutível: a criança humana nasce tão frágil e indefesa que, deixada a si mesma, é certo que morrerá. Nos dois ou três primeiros anos da vida ainda precisa de muito, realmente. Já aos três ou quatro anos – como podemos ver entre os índios – a criança não *precisa* mais de uma ou duas pessoas a seu serviço (mãe e pai), já se defende bem em relação a onde encontrar o que precisa ou aquilo de que gosta, como se afastar do que lhe desagrada.

*A família dura demais e, ao fazer muito
mais do que o necessário, cultiva nos filhos
uma dependência parasitária que pode se
estender pela vida toda.*

Mãe "que faz tudo" para seu filho gera um incompetente apático que será para sempre dependente de quem quer que esteja por perto.

Esta declaração universal da inferioridade da criança projeta-se na vida adulta sob a forma de cidadãos que, de um lado, esperam tudo do governo e, de outro, se mostram pouco dispostos e pouco capazes de cooperar coletivamente.

Metade dos pais brasileiros – e muitas mães – são alcoólatras, pobres, analfabetos, ignorantes... Será que continuam a saber de tudo? O apoio coletivo e maciço dado às mães muitas vezes faz delas "donas da verdade", pessoas que acabam acreditando estar sempre certas – e se tornam insuportáveis, até para si mesmas! O mesmo acontece com pais que se tornam tiranos odiosos. Como, para tantos deles, o único poder de que dispõem é o paterno, e como filhos são audiência cativa, ei-los a fazer sermões intermináveis, sempre os mesmos, e a governar seu pequeno feudo como déspotas orientais, exigentes, caprichosos, brutais – tão odiosos, ou mais, do que as donas da verdade.

Depois esperamos que a expressão "Pai do Céu" ainda signifique algo de bom! "Mãe do Céu" seria um pouco melhor...

Mas o pior é a criança que não sabe nada. Criança não sabe nada dos costumes do mundo onde nasce – fato; nem falar ela sabe – fato. Mas as crianças nascem com uma capacidade espantosa de aprender e aprendem em um dia o que um jovem levaria um mês e um adulto um ano para aprender.

A circulação cerebral da criança pequena é mais de três vezes a do adulto.

Ao nascer o cérebro pesa 20% do peso corporal, ao passo que, no adulto, mal chega a 2%.

Aos três anos o cérebro de uma criança já alcançou 90% de seu desenvolvimento.

O cérebro adulto consome, dia e noite, 20% do oxigênio inalado, e bem mais do que isso na criança.

Estes são os fundamentos indiscutíveis a favor da imensa capacidade de aprender da criança – muito mal aproveitada pelas instâncias educativas.

Não sabendo falar, mas sabendo por instinto profundo o quanto depende do ambiente e dos adultos que a cercam, a criança, além de ser um bichinho imensamente astuto e esperto, é um cientista que *vê* com clareza tudo o que acontece à sua volta – começando também desde muito cedo *a imitar tudo o que vê.*

Seu aprendizado não é verbal, mas visual – e de vida. Neste sentido ela aprende e sabe muito mais do que os adultos – meio cegos e perdidos em preconceitos, razões e explicações –, como estamos mostrando.

Imitar – essa a chave tanto do entendimento entre as pessoas como do aprendizado de atitudes, papéis, frases feitas, ditas no tom e na pose que convém. O estudo, hoje bem ativo, da comunicação não-verbal vem mostrando a força e a importância desta forma de aprender; aliás, a única existente entre os animais.

Esse é o sentido deveras profundo desta expressão: *a educação é imitação.*

O sentido das palavras depende menos delas mesmas e muito mais da situação, dos interlocutores e do acompanhamento não-verbal (caras, tons de voz, gestos).

Tudo isso é aprendido com a fala e não apenas as palavras.

A família, com essa de que criança não sabe fazer nada, devendo os adultos saber e fazer tudo por elas, perde o segredo da vida humana, que é a cooperação e a partilha, cimentos seguros

– e únicos! – da solidariedade humana. Achamos que a criança aprenderá *mais tarde* o que for necessário para o convívio, e esse é um erro fatal. O principal do convívio e da repartição de tarefas se aprende nos primeiros anos da vida – por imitação.

Ou não se aprende!

Função inadvertida, mas essencial, da educação é cegar, é tornar as pessoas incapazes de ver ou de dizer o que estão vendo. Porque Mãe, Pai, Professor, Juiz, Padre e Patrão não podem ser criticados – tenham os defeitos que tiverem e quaisquer que sejam os abusos que cometerem. A nenhum destes personagens podemos dizer o que estamos *vendo* neles (eles não se vêem – pense nisso! Ninguém se vê – a não ser em espelho ou em gravação). Na opinião deste autor, esse é o maior crime que cometemos contra as crianças, prejudicando para sempre sua capacidade de perceber, de orientar-se e, indiretamente, sua inteligência. Por que a ciência progride tanto? Porque os cientistas reaprenderam (a partir dos dois últimos séculos!) que a *observação* é o começo de qualquer conhecimento. A observação precisa, exata, cuidadosa e bem-descrita – só essa verdadeiramente nos ensina como são as coisas. Criança nasce cientista e nós a tornamos ignorante com nossos sermões preconceituosos sobre o certo e o errado, sobre quem é o culpado, sobre quem deve e quem não deve.

*Não sabemos orientar – e nos orientar –
diante de nossos filhos, porque não os vemos
com clareza, mas somente através destes
preconceitos tolos que estamos criticando.*

Quando as pessoas se casam, espera-se que não amem a mais ninguém que não seja da família. Isso é possível? Isso é bom? Toda a psicologia clínica existe para afrouxar laços familiares muito estreitos, apegos excessivos que de certo modo paralisam ou limitam demais as pessoas. Todos conhecem o termo *transferência*, proposto por Freud para dizer que as pessoas vivem repetindo ao longo da vida todos os comportamentos que desenvolveram nas relações familiares quando crianças. Quanto mais fortes essas relações – quanto mais duraram e quanto menor o número de pessoas envolvidas –, mais pobre a vida emocional das pessoas e menor sua capacidade de inovar, criar, mudar. A vida passa a ser vivida de um modo altamente automático, sempre igual, monótono e entediante.

Por não poder amar a mais ninguém, nas situações e do modo que o amor se propuser, as mães se concentram em seus filhos, com excessos absurdos de dedicação, preocupação – e culpa – por tudo o que "deveriam" ter feito e não fizeram.

Pode-se então pensar que o filho
se torna muito mais necessário para a mãe do
que a mãe para o filho...

E avançando um pouco mais: a maternidade é o fundamento primário da alienação, tanto da mãe quanto do filho.

Em todas as sociedades se acreditou que o adulto era uma perfeição, que as crianças deviam ser ensinadas – por boas e por más – a se tornar semelhantes a ele. Educá-los era isso. Pior de tudo: depois de se fazer "adulto" a pessoa não mudaria mais, como se fruto maduro jamais caísse do galho – ou apodrecesse! Não há limite para *o crescimento* das pessoas e o pior que se pode fazer é limitar esse desenvolvimento – presente mesmo nos vegetais. Se cultivarmos uma trepadeira dentro de um cubo de vidro fechado, com o tempo ela cria um emaranhado indescritível, parecido com as idéias na cabeça de quase todos os indivíduos "maduros"...

Sabemos que todos os seres vivos crescem o tempo todo e o homem, podendo tomar consciência desse crescimento, é capaz de aprender a vida toda. Crescer e transformar-se são sinônimos: a cada dia que passa uma árvore é ligeiramente diferente do que ela era no dia anterior. Só os seres humanos "maduros" conseguem acreditar que são "sempre os mesmos".

Só seres sociais conseguem acreditar – como ditam os preconceitos – que o certo e o errado são sempre os mesmos, para todos e para sempre. Parecido com a promessa matrimonial...

Toda empresa na qual a relação custo/benefício fosse igual ao que acontece em família abriria falência antes de começar a operar. Família tem coisas boas, é claro, mas dificilmente se pergunta *quanto custam* esses momentos, em preocupações, sacrifícios, dinheiro, trabalho e mais. Além disso, dizem tantos livros e conselhos sobre família que dos filhos não se cobra nada e que os pais *devem* fazer quaisquer sacrifícios pelo bem dos filhos sem esperar nada de volta. Muito bonito, mas acho que só S. José conseguiu isso – e por ter filho único!

Quando as pessoas mostrarão alguma sensatez ao se referir à família – quando?

Educar consiste, 80% das vezes, em dizer *não*. A cada não, um gesto ou um movimento impedido, uma relação não estabelecida, um aprendizado frustrado. E assim vamos criando em torno da criança um mundo de "buracos" nos quais não se pode entrar, de objetos, atividades ou seres com os quais é proibido relacionar-se. O mundo se faz enormemente desconhecido – talvez enormemente assustador – exclusiva e justamente por ser proibido explorá-lo – experimentar. De novo lembramos a ciência, cujos progressos impressionantes se devem precisamente a isso: à possibilidade de fazer experiências.

As mães são e sempre foram o maior – o mais poderoso – partido conservador de todas as sociedades. Porque o destino das pessoas – dizem-nos a psicologia e a biologia – é quase todo modelado nos primeiros cinco anos de vida; nesse tempo, é a mãe quem está ao nosso lado a maior parte do tempo. As mães são o DNA da tradição social.

Depois porque elas exercem uma ação diária, durante muitos anos, sobre bem poucas pessoas.

Depois porque a elas é dado um poder quase absoluto sobre os filhos – com apoio coletivo maciço, indiscriminado e permanente.

Depois porque todas as mãe desejam que seu filho seja "bem-educado" – ou "normal" – para a sociedade em que ela vive, e raras mães têm uma visão crítica dessa sociedade para a qual preparam os filhos. Nem sequer desconfiam que a maior parte de seu sofrimento existe *para manter e por causa* dessa sociedade que elas eternizam. Essa sociedade – é só abrir um jornal – é injusta, ameaçadora, violenta, exploradora, perigosa, incoerente.

As mães, na verdade, vivem apavoradas diante e dentro dessa sociedade que mantêm, ao transmitir a seus filhos, quando pequenos, o respeito e a obediência a estes nossos "Sagrados Valores Tradicionais"...

Não esquecer jamais uma verdade mais do que evidente: ninguém se vê como o outro o vê. Você se imagina por dentro, mas ele o vê por fora, e as duas imagens não concordam. Veja-se gravado em teipe e verifique se você se reconhece lá – que é como os outros o vêem.

O outro me conhece melhor do que eu... Poderosa razão essa para abrir-se à crítica dos demais e, ao contrário, quanto menos permitida essa crítica de quem me vê por fora, piores meus desmandos – dos quais não tenho consciência. Só assim poderemos – caridosamente –compreender as coisas pavorosas feitas por tantos tiranos odiosos, Nabucodonosor, Alexandre, o Grande (assassino), Calígula, Nero, Ivan, o Terrível, Napoleão, Hitler, Stálin, Mao Tsé-tung e tantos e tantos outros.

E para terminar o drama, uma comédia engraçada e além de tudo o que se poderia imaginar (desculpe a crueza – vou escrever com todas as letras): *mãe não tem xoxota*.

A origem de todos os seres vivos superiores, da sociedade, da família e dos filhos, é desconhecida! Fizemos uma imagem tão idealizada da mãe e tão perversa da sexualidade que agora não conseguimos mais juntar as duas coisas, e as origens da família se vêem mergulhadas nas sombras insondáveis do mito, do mistério, do desconhecido...

Não sei se é para morrer de desespero ou se é para morrer de rir.

Conselho final: a família só poderá fazer algo aceitável – e até bonito – quando das conversas sobre ela e dentro dela forem excluídos definitivamente "você devia", "a culpa é sua", "eu estou certo" (e você errada, é claro), "isso é normal", "o natural é assim".

Não existe nada que seja certo para todos em todos os tempos – só os preconceitos de cada época... Eles nos afastam da realidade criando uma convenção e um teatro de certo modo mágicos, mas que nos desviam ou impedem de ver as coisas e as pessoas como elas são. Falsificam assim todas as relações pessoais e desorganizam todo o convívio honesto e direto entre os membros da família e, depois, no trabalho e na sociedade.

Porque a verdade indiscutível é que a família é a célula *mater* da sociedade, e tudo o que se desaprende e falsifica nela se propagará como infecção por todo o corpo social – como é tão fácil ver.

Repetindo e esclarecendo a proposta.

Periodicamente serão anunciadas, na sede do Serviço Social, reuniões para discutir questões relacionadas à família e, nos avisos, já serão citadas algumas das verdades chocantes anteriormente expostas – como desafio, atrativo e certeza, dos interessados, de não ouvir mais sermões e acumular mais deveres impossíveis.

Cada grupo contará com dez a vinte pessoas, de preferência de ambos os sexos, podendo-se admitir até – a meu ver – maiores de dez anos. O tema é proposto e as pessoas são convidadas a comentar a questão, com um mínimo de diretividade. A reunião poderá ser orientada por uma psicóloga ou por uma assistente social e, futuramente, até por algum convidado/a que tenha se mostrado particularmente ativo e inteligente e capaz.

A idéia é expandir os grupos de debate para além do Serviço Social.

Muitos, a esta altura, perguntarão: mas... e as soluções?

Nenhuma. Pouco adianta substituir regras quando se trata de *relacionamentos pessoais*. É mais do que sabido: as pessoas vivem querendo fórmulas mágicas – regras simples – que "resolvam" suas dificuldades.

Poucos percebem, mas seria ótimo se muitos compreendessem que trocar regra por regra é inútil, pois *em se tratando de indivíduos e de relacionamentos em contínuo crescimento e mudança, todas as regras – tudo o que é fixo ou fixado – só podem desencaminhar mais e mais.*

As boas soluções têm de ser encontradas por experiência, passo a passo, por tentativas e erros – prestando atenção, observando, sentindo. O principal da educação está, bem ao contrário do que se imagina, em livrar-se de quase todas as regras, pois os filhos são diferentes entre si como são diferentes as mães, os momentos e as circunstâncias.

Cabem algumas sugestões capazes de levar as pessoas a perceber as regras que estão seguindo sem perceber, para "tomar consciência" de estar sendo guiadas pelos preconceitos – a fim de atenuá-los ou livrar-se deles. A seguir registramos algumas.

Cabem regras, ainda, quando se trata de grande número de pessoas a atuar coordenadamente; neste caso, seria impossível conciliar tantas vontades e tantos desejos – mas este não é nosso caso.

A regra dá uma certa espécie de confiança. Todos fazendo parecido, crêem estar "certos" – força de maioria. Mas estão todos agindo inconscientemente, sem pensar; dito de outro modo, são todos irresponsáveis – estão fora da realidade do acontecer, mesmo que acompanhados por grande número.

A História Desumana mostra exemplos incontáveis de verdades relativas ou parciais, tidas como as mais sagradas, absolutas e eternas, servindo de pretexto para as piores atrocidades. A Inquisição é paradigmática, mas eu me sentiria muito feliz se só a Inquisição tivesse existido. Houve milhares de inquisições em nossa triste História – praticando torturas e morticínios sem conta sempre em nome de uma "verdade" absoluta que todos deveriam acatar e que seria "a Salvação!".

O que se espera é que as reuniões atuem levando as pessoas a perceber, primeiro: o que todos *dizem* raramente *fazem;* segundo, afirmações são apenas meias verdades; terceiro, muitas e muitas vezes os preconceitos são usados *contra* as pessoas, ao modo de cobranças infindáveis, do famoso "você devia"; pode, enfim, ser péssimo para todos, causando muita culpa e perturbando seriamente a percepção da realidade das pessoas.

No grupo se denuncia e se reconhece *em público* o absurdo, o limitado e o limitante do preconceito. Isto é, são ditas coisas bem diferentes do que se costuma dizer sobre a família, *mas tudo o que é dito é evidente, é, foi ou está sendo sentido, sofrido e vivido por todos os presentes.* Ou seja, é dada consciência plena do contraste entre o que se deve e o que se consegue ou o que é possível.

Convidadas e liberadas as pessoas *em grupo* (uma minissociedade) para contestar ou criticar esses preconceitos, abre-se caminho para relações pessoais mais honestas, mais claras, mais originais *e mais adequadas ao momento e aos personagens.*

Muitos poderão, deste modo, começar a dizer a verdade sobre a família conforme ela é vivida em concreto, por pessoas de carne e osso. Muitos poderão fraternizar nas suas incertezas e ansiedades, resultantes do não-cumprimento dos preconceitos.

"Roupa suja se lava em casa", diz a pseudo-sabedoria popular. E a sujeira fica lá, cheirando mal... A roupa suja de cada um – esse o segredo e isso o evidente – é muito parecida com a roupa suja do outro; lavar roupa suja em casa é achar e confessar que só a *minha* família tem dificuldades, mas "a" família é ótima quando nenhuma é, ou só é às vezes e não sempre. O produto final de todo esse segredo, que não é segredo nenhum, é manter o mito da família ideal. Todas as famílias têm roupa suja em abundância e guardar para mim minhas dificuldades é o modo padrão de assumir individualmente a "culpa" da instituição.

Freqüentando os grupos e as discussões, as pessoas passarão a viver mais o famoso "aqui-agora", presentes ao presente e presentes umas às outras. O mal da regra é que ela é uma regra

– válida para todos e para sempre – duas falsidades palpáveis sempre que falamos de pessoas. Com essa falsidade, o relacionamento só pode... falsificar-se, isto é, desorientar os envolvidos. Quanto mais perdidos, maior o apego à regra, à exigência, ao você deve, à culpa é sua e tudo o mais.

Algumas das regras para evitar regras...

Vamos aproveitar esta parte de nossa proposta para resumir seis pontos fundamentais da educação antes dos cinco anos.

Bem iniciado o processo pedagógico nestes cinco anos, estamos persuadidos de que criar um filho pode ser um processo bem mais agradável do que sofrido, e mais para fácil que para difícil. Mal iniciado, as complicações vão se multiplicando com o correr do anos, explodindo na adolescência e fazendo-se, mais vezes do que se admite, insolúveis – a não ser pelo afastamento, que não é aceito!

Vamos nos concentrar em seis pontos, a saber:

- ❖ o desenvolvimento da *respiração;*
- ❖ o desenvolvimento *motor* e como aprimorá-lo;
- ❖ o desenvolvimento do contato corporal, *da sensibilidade* e do erotismo;
- ❖ a *atenção*, a que vai se desenvolvendo nela, e a atenção conveniente a ser dada a ela;
- ❖ a *comunicação não-verbal* das crianças entre si e delas com os adultos;
- ❖ os jogos *de poder* entre mãe e filho.

Desenvolvimento da respiração

Respirar é o primeiro ato de independência do neonato, de todo comparável – no adulto – a uma ação deliberada; quem respira não é o pulmão, mas a caixa torácica e o diafragma, movidos por músculos essencialmente "voluntariáveis", isto é, se nos dedicarmos, poderemos contrair "de propósito" qualquer um dos músculos respiratórios – que são muitos.

Tudo se passa como se o petiz *quisesse* respirar; bem diferente do que acontece com as demais vísceras, todas elas de funcionamento automático – involuntário. O coração pulsa "porque ele quer", não obedecendo nem a desejos nem a ordens minhas; já em relação à respiração, posso até parar de respirar por um tempo, posso respirar forte ou fundo, depressa ou devagar. Voluntário quer dizer isso mesmo: posso alterar consideravelmente os movimentos respiratórios "por querer".

Daí que se possa auxiliar o neonato a tomar consciência da respiração e a aprender a respirar "de propósito" sempre que for conveniente. Não estranhe, leitor; logo a seguir esclarecemos.

No interior do útero, o feto não respira – é claro; mamãe respira por ele. Os minutos que precedem e se sucedem ao nascimento são cruciais para a vida, como é de conhecimento geral: se o recém-nascido fica mais de cinco minutos sem respirar, pode sofrer lesões cerebrais graves e irreversíveis por asfixia. O cérebro consome, dia e noite, 20% de todo o oxigênio inalado e bastam poucos segundos sem oxigênio para que suas funções mais finas se mostrem perturbadas.

Será preciso apelar para a manobra clássica e desumana de pendurar o bebê pelos tornozelos e dar-lhe palmadas na bundinha para que ele comece a respirar? Nem de longe: se essa grosseria fosse necessária, nenhum animal sobreviveria ao nascimento! No parto Leboyer, uma vez fora do útero, o bebê é colocado sobre o ventre materno nu e espera-se que comece a respirar espontaneamente – como acontece com os animais. Enquanto o cordão umbilical estiver pulsando, o nenê está garantido. Muito melhor que ele comece a respirar suave e lentamente, familiarizando-se com um ato inusitado, amplo (envolve todo o tronco) e vital. Digamos: seria bom esperar que a chama da vida se acendesse sozinha em vez de pôr fogo nela!

É fundamental compreender que o recém-nascido não só respira pouco como também *tem pouco pulmão* – que nasce verde –, se podemos dizê-lo. No útero não há oportunidade de respirar, e por isso o pulmão nasce bem imaturo.

Nada mais parecido com uma árvore do que os pulmões. Nascemos com poucos "galhos" (brônquios) e poucas "folhas" (alvéolos). Na medida em que a criança vai respirando ela vai *expandindo* o pulmão, forçando a multiplicação dos "galhos" e, principalmente, criando cada vez mais "folhas".

O processo de formação do pulmão demora vários meses.

A respiração do recém-nascido é precária e há casos, nem tão raros, de crianças pequenas que morrem à noite por causa de parada respiratória.

Essa situação bem conhecida da ciência ocidental não é aproveitada praticamente. Nada se faz a fim de ajudar o neonato a respirar; essa ajuda é tida como inútil, desnecessária e – quiçá – perigosa! Aqui no Ocidente, respirar consiste apenas em uma troca de gases; mas o Oriente e as múltiplas técnicas alternativas de Trabalho Corporal vieram nos demonstrar a importância fundamental da respiração para a vida emocional.

Podemos até especular: desde muito cedo a repressão social sobre ou contra o indivíduo chega até aí: que as crianças respirem apenas *o mínimo necessário,* pois muita respiração significa muita vida, muito desejo e muita iniciativa. Isto é, tudo o que *não queremos* que a criança seja – ou faça! Nosso sonho pedagógico é o bom menino, dócil, obediente, dando pouco trabalho...

Nada de estranhar, portanto, que tentemos ajudar o bebê a respirar e a formar seu pulmão.

Como se faz isso? Com mãos jeitosas! Se estivermos com o bebê no colo, será bom pôr-se frente a frente com ele – como se fôssemos abraçá-lo. Depois espalmamos as duas mãos sobre suas costas e fazemos com que ele sinta a pressão de nossas mãos a trazê-lo para nós e, ao mesmo tempo, a resistência de nosso peito. Entre mãos e peito – nossos – faremos com que ele sinta bem *seus* movimentos respiratórios. Quando ele enche o peito de ar (o movimento é pequeno!), aliviamos a pressão sobre suas costas; quando ele esvazia o peito, "ajudamos" fazendo ligeira pressão, apertando-o contra nós.

Com um pouco de prática, o gesto se fará fácil e preciso.

Quando fazer isso? Quanto mais, melhor, mas sempre atentos à reação do nenê, parando diante da menor reação de desagrado ou de desinteresse.

A segunda manobra refere-se ao nenê deitado. Então descansaremos uma mão sobre seu tórax – de atravessado ou de comprido, conforme a facilidade do momento. O resto é igual: pressionar de leve quando ele esvazia o peito e aliviar a pressão quando ele enche o pulmão.

Muito jeito! Criança pequena é frágil e sensível.

Estas duas manobras servem para todos os que se sintam aflitos ou ansiosos – crianças ou adultos – seja qual for a razão.

Servem também para crianças mais velhas e é ótimo quando a criança se mostra assustada. Nada de fazer perguntas ansiosas; toma-se a criança no colo, frente a frente, e façamo-la sentir sua respiração. Ficaremos surpresos com o resultado.

Tenho para mim que uma parte do choro da criança pequena liga-se à necessidade de respirar mais ou mais amplamente. Se eu estiver certo, os exercícios propostos podem contribuir para que a criança chore menos!

Sempre que ansiosos, nossa respiração está contida, presa, e respirar conscientemente ajuda demais a dissipá-la, qualquer que seja sua origem.

Desenvolvimento dos movimentos

Desenvolver movimentos é o aprendizado fundamental nos primeiros anos da vida. Mover-se e imitar movimentos é tão fácil que poucas pessoas fazem idéia da complexidade de nosso equipamento neuromotor, e por isso mal se dão conta do valor desse aprendizado.

Sem entrar em detalhes, digamos apenas duas ou três coisas a favor desta declaração, para muitos inusitada.

Dois terços do cérebro servem apenas para realizar nossos movimentos ou manter nossas posições. Note: os músculos tanto podem nos mover como nos manter imóveis, manter posições, estabilizar a postura. São de seiscentos a setecentos bilhões de neurônios, cada um com no mínimo dez mil contatos com outros neurônios...

Somos um boneco articulado – como Pinóquio. Mas enquanto Pinóquio podia ser movido por cinco cordéis, nós temos, para nos mover ou manter imóveis, trezentos mil cordéis (chamados Unidades Motoras). Cada um desses cordéis se comporta como elástico, podendo exercer tensões variáveis no mínimo de zero a dez graus. Chegamos assim a esse número astronômico de microesforços a nos mover ou imobilizar: três milhões (quando em atividade máxima).

Sem falar em neurofisiologia, todos sabemos disso: levando em conta quantas variedades de exibições podem ser vistas no circo e no teatro, todas as variedades esportivas e de dança, chegamos a intuir o que a análise fisiológica demonstra – e o que nos foi dito por todos os iluminados: somos *criação contínua*. A rigor, jamais faremos dois movimentos *exatamente iguais*.

No entanto, a observação cotidiana nos demonstra o quanto – em aparência – as pessoas se repetem e são limitadas em seus movimentos, jeitos, modos e maneiras.

A contradição se resolve assim – como foi dito, resumindo o parecer de muitos, por Buckminster Fuller:

*todos nascemos gênios e a educação
nos torna medíocres.*

Porque – sabemos bem demais e já recordamos – em educação, tanto familiar quanto escolar e social, o que mais se ouve e se diz é "NÃO"!

Traduzindo em termos de conseqüência: educar consiste em restringir, limitar e paralisar mil tentativas de movimentos e, de outra parte, em esperar-exigir que a criança faça "como se deve", como é "certo" – *e a não sair disso*. Assim *reproduzimos* interminavelmente os formatos de personalidade aprovados em nosso mundo e não sobra lugar nem tempo para mudanças – hoje tão necessárias.

Se consultarmos livros que descrevem ao mesmo tempo a maturação do sistema nervoso e as etapas do desenvolvimento motor "normal" das crianças, encontraremos muita regularidade e muitas semelhanças nestas descrições. Surge então a pergunta: essas descrições não estão a nos dizer que os movimentos "naturais" seguem sempre o mesmo desenvolvimento, são iguais ou quase iguais em todas as crianças?

Sim, desde que você não influa de modo deliberado sobre esse desenvolvimento, desde que você deixe a criança entregue a si mesma e à experiência cotidiana, *imitando os adultos próximos.*

Trata-se pois de escolher: deixamos o desenvolvimento motor seguir sua rotina "normal" (para nosso pequeno mundo) ou vamos cultivá-lo, a fim de conseguir dispor a criança de maior habilidade, versatilidade e adaptabilidade?

A questão não é só de movimentos. Hoje acumulam-se estudos e experiências – Piaget foi um dos pioneiros – mostrando que a *inteligência* é de algum modo proporcional à motricidade. Popularmente de há muito se sabe: só quem *sabe fazer* verdadeiramente entende do assunto, e só este pode desenvolver teorias válidas.

É intuitivo, também: pessoas muito limitadas de gestos são muito limitadas de inteligência. É o caso dos "quadrados", na linguagem popular, das pessoas muito formais, das quais jamais esperaremos um pronunciamento original.

Enfim, o principal! Educar, em todos os tempos, consistiu em fazer com que as crianças se desenvolvam *até se tornarem semelhantes aos adultos do mundinho particular onde nasceram.*

Mas se somos criação contínua, por que limitamos o desenvolvimento? Se a História nos mostra uma sucessão interminável de culturas com leis, costumes, trajes, modos, preconceitos e religiões diferentes, por que aceitaremos a nossa como perfeita, acabada ou a melhor de todas?

Enfim, um dos sonhos da Humanidade: o progresso. Que cada geração avance ao menos um passo além daquela em que nasceu, que os filhos sejam melhores do que os pais, que os discípulos se façam mais sábios do que os mestres.

Tudo a nos dizer que poderia ser diferente, mas preferimos a ilusão do sempre igual e de todos iguais.

Como fazer para educar ou auxiliar o desenvolvimento das habilidades motoras da criança pequena?

Primeiro, proporcionando a ela mil dispositivos e situações nas quais possa desenvolver sua habilidade natural – o que é intuitiva, mas limitadamente compreendido pelas pessoas. Para isso será ótimo se mamãe deixar que a criança se arrisque às vezes, pois vontade de experimentar movimentos variados existe em todas as crianças e o que limita essa vontade são os medos de mamãe.

Escolha: você quer deixar que ela desenvolva seus modos de defesa e fuga, ou quer que ela seja um incapaz de se defender, sem iniciativa, assustado diante de qualquer desafio?

Na natureza, ai daquele que não aprende depressa a se mexer – a desenvolver ao máximo suas habilidades motoras. Ou será presa fácil, ou, se predador, morrerá de fome.

Filhotes animais (os nossos igualmente) *nascem altamente predispostos a aprender muito e muito depressa a se mexer.*

Depois de proporcionar a ela espaço e dispositivos para movimentação espontânea, você iniciará o curso superior de ensino motor. Sempre que você estiver brincando com ela, procure fazer uma ou mais das seguintes manobras – além de tudo o que você ou ela gostam e já inventaram.

Alongue seus membros devagar, com jeito, mantenha alongados vários segundos e depois vá soltando sempre lentamente. Ela vai adorar. Faça com os membros e, se você tiver jeito, faça também com o pescoço e até com o corpo todo. Por exemplo, alongue as duas pernas em paralelo e você estará alongando a região lombar e mais. Suspenda-a pelo pescoço – uma mão sob o queixo e outra sob a nuca – com todo o cuidado e pouco a pouco, até que ela fique no ar.

Com recém-nascidos, faça mais. Corra a mão pelas palmas das mãos dele e ele agarrará firmemente seus indicadores. Tente suspendê-lo, cada vez ou cada dia um pouco mais, e por fim você vai ver que ele consegue ficar pendurado, mostrando uma força insuspeitada. Neste caso, será preciso o concurso de outra pessoa em alerta para o caso de ele largar o "galho"... Depois "recorde" diariamente esses exercícios, algumas vezes, até os dois ou três meses.

Não preciso acentuar que todos esses movimentos têm de ser lentos, moderados, cuidadosos, e você sempre atenta às reações dele/a, parando diante de quaisquer sinais de desinteresse ou de incômodo.

Outras vezes – talvez com música – *mova passivamente* seus membros e seu pescoço, como se você dançasse com eles. Esse é mais difícil, pois seria conveniente que ele estivesse bem relaxado e sentisse essa movimentação de modo bem passivo. Com crianças maiorzinhas – três, quatro e cinco anos – você pode dizer, antes de começar a mover partes do corpo dela, "agora relaxe, vou mexer em você, me deixe fazer".

O mais eficiente ensino de movimento que se pode fazer com crianças desde muito cedo – até nenês de poucos dias – é *movimentação com oposição*. Isto é: atenta, depois do banho, com ela peladinha e de costas no apoio. Sempre que ela esboçar um movimento – e vai esboçar muitos – *segure de leve o movimento que ela quer fazer,* oponha-se ao movimento, mas de leve, sem querer brecar, freando macio. Você vai deixar que ela faça o movimento que quiser, mas vai retardá-lo de leve. Será preciso que ela sinta a resistência, mas não force a oposição, pois ela poderá ficar com raiva...

Estas três técnicas podem educar o sistema nervoso na direção de tornar os movimentos muito mais conscientes e bem organizados – podem melhorar muito a coordenação motora.

Note que não se faz nenhum movimento diferente dos usuais; apenas se faz a criança perceber melhor o que ela está fazendo.

Não creio que seja "natural" a movimentação brusca, grosseira, dos moleques dos cinco e seis anos para cima. São desajeitados porque não têm consciência nem aprenderam a coordenação fina dos movimentos.

Bem treinados, seu sucesso em esportes e demais atividades físicas contribuirá muito para intensificar a auto-estima, o senso de poder, de controle fácil dos movimentos, de decisão e de realização.

Quanto fazer desses auxílios à movimentação? Muito, sempre que possível, de regra a título de brinquedo – o que as crianças adoram, você sabe: que mexam com elas.

A sensibilidade, a sensualidade e o erotismo

Não estranhe as palavras. Para ela, erotismo nem de longe quer dizer o que diz para nós. A criança é só sensibilidade e se não estiver muito em contato de pele, e se não for muito acariciada, não terá a noção de ter um corpo e muito menos a de sua forma.

Essa a conclusão de toda a terapia corporal e também da psicológica. Quem não foi muito acariciado, quem não tem noção de ter a pele toda, facilmente se confunde com os demais – as tais projeções e identificações, indícios de que a pessoa não sabe até onde é ela e até onde é o outro.

A pele é o primeiro e o mais fundamental limite do "eu". Tudo o que encosta nela encosta em mim e se alguma coisa a penetra ou corta, a sensação de ameaça é aguda e urgente. Como, na educação usual – começando na maternidade –, o contato continua "tabu", nossa noção sobre nossa pele é precária, incompleta, sempre cercada de algo como proibição, pecado, "não se deve". É impossível desenvolver a noção de identidade própria sem sentir/perceber nossa pele, sua forma e as mil sensações provenientes dela – sem objeções, sem restrições.

À luz destas reflexões, a meu ver óbvias, será preciso reciclar quase tudo o que se diz e faz com a relação mãe/filho.

A começar com a maternidade e seus crimes de distância imposta entre mãe e filho logo após o parto, distância cuja única "justificativa" é a exploração econômica dos médicos, que transformaram a gravidez e o parto em doença.

A pseudociência médica peca e de má-fé. Tudo o que se sabe de biologia, de comportamento animal comparado e de costumes de povos primitivos – todos concordantes – nos dizem – e supõe-se que os médicos saibam disso – que manter o contato entre mãe e filho é absolutamente vital – *desde o começo e durante muito tempo.*

No caso específico dos seres humanos, as coisas são mais importantes ainda, pois não nascemos filhotes e sim fetos, isto é, muito imaturos. Precisamos vitalmente de um útero externo no qual completar nosso desenvolvimento mínimo suficiente. Esse útero externo é a pele – da mãe (talvez de mais alguém também – quanto mais melhor).

O isolamento começa com as fraldas, que suprimem, de saída, todas as sensações da pelve (bacia). Será possível dispensá-las? Muito difícil para a mãe moderna. Mas então, após o banho, muito e muito tempo com a criança deitada na barriga ou no peito da mãe – sem roupa entre os dois. Muito tempo, muitas vezes. Amamentação sempre com pele de mãe e pele de nenê em contato. Nada, absolutamente nada poderá desenvolver no nenê a sensação de segurança, a de que o mundo externo é tão bom quanto o interno, tão aprazível e acolhedor quanto aquele.

Quanto a dar de mamar, dar sempre que o nenê quiser e xingue o pediatra se ele disser o contrário. Diga-lhe que ele pode até ser bom para doenças, mas é péssimo para a saúde e nada sabe sobre amor entre mãe e filho. Aliás, havendo muito contato é bem provável que o pediatra seja inútil. Hoje, estudiosos bem-informados e que fazem experiências estabeleceram que o contato é mais importante que a própria amamentação e o amamentar em contato é o melhor tranqüilizante para o nenê – o melhor remédio contra sua ansiedade e os sintomas psicossomáticos produzidos por ela. Quase toda a patologia dos primeiros anos de vida está muito mais ligada ao modo como a criança é tratada e à sua sensibilidade para os maus sentimentos dos circunstantes do que a qualquer outras "causas". Mesmo infecções só sobrevêm quando o sistema imunológico reduz sua capacidade – por motivos emocionais!

Aliás, o pediatra sabe, melhor do que eu, que criança cheia de doenças é filha de mãe insegura, ansiosa, e que em algum nível rejeita a maternidade. Mas não vamos então cair naquela de que mãe "deve" ser tranqüila, amar sempre a criança e mais deveres que jamais poderão ser cobrados de alguém. A mãe insegura precisa de apoio, orientação e encorajamento, e não de críticas e de tantos "você deve".

E depois do primeiro ano de vida, quando o bebê passou a filhote maduro? Então pode-se diminuir o contato? A rigor, muito contato seria desejável a vida toda – para todos.

Mas não pode. Uma civilização autoritária – depois machista – condena carícias como fraquezas, aceitando contato apenas em torno da relação sexual. E mesmo aí, a imensa maioria dos homens se mostra reservado e inábil.

Se você quiser um filho seguro e tranqüilo, mantenha muito contato com ele.

Invente muitas carícias, as mais variadas, tanto as excitantes que fazem a criança rir nervosamente (mas "ficar longe", porque ricas demais em sensações) até as mais suaves e lentas, com mil graus de pressão e deslizamento, em todas as partes do corpo, sem *privilegiar nem omitir as áreas mais eróticas*. Elas também são "partes do corpo" e omiti-las cria "buracos".

É o que acontece com quase todos nós, devido a nossos preconceitos graúdos *contra o prazer e a felicidade*. Em quase todos existe um distanciamento – uma negação – das partes sexuais, *como se elas não fizessem parte de meu corpo* (castração – esse o significado profundo do termo; somos todos castrados).

Sabe por que se reprime o prazer? Por dois motivos.

O negativo é esse: a vida comum é feita muito mais de renúncias, sofrimento e sacrifícios, aos quais é preciso acostumar-se...

O positivo é esse: quando aprendemos a ter prazer e a sentir felicidade, ganhamos muita coragem para seguir nosso caminho em vez do caminho dos preconceitos – que é o do sacrifício e favorece o poderoso.

Não tendo pelo que lutar, então nos resignamos.

Se você não sabe como começar, pratique a "Shantalla", massagem hindu do nenê. Mas depois invente, sempre atenta às reações dele ou dela, e às suas reações ao fazer assim ou de outro modo.

Enfim, como no caso da atenção, há dois climas em relação a carícias, válidos seja para crianças, seja para adultos: carícias para serem sentidas, feitas com atenção e presença – sempre variadas, sem repetição; e carícias tranquilizantes e relaxantes. Essas podem ser mais monótonas – no modelo do consagrado "cafuné".

Atenção: é preciso separar bem contato com ou sem consciência de contato; não falamos de contato habitual, meio automático – feito quase sem perceber e sem sentir. Isso não é contato e pode ser tão ruim ou sem sentido quanto uma relação sexual apenas mecânica.

Não tenho ilusões. Se você entrar nessa de muito contato, mil pessoas frustradas e invejosas cairão em cima de você dizendo que não se deve. Se apesar disso você conseguir continuar, estará sendo um agente de transformação social e criando um novo tipo de homem – ou de mulher.

Está em suas mãos – literalmente!

Uma observação a mais. Mestre Freud falava que por volta dos seis, sete anos a criança entra em um período de latência em relação a sua sensibilidade e erotismo.

Pesquisas mostraram o que todos sabemos: até quatro, cinco anos, muitas crianças recebem agrados, mas daí em diante começa o tabu – a distância de pele – e a criança começa a ficar sem graça, sem jeito, meio desengonçada, sem saber o que fazer com o corpo... Sabe do que estou falando? Sem contato, sem carícias, começamos a viver menos e a substituir gradualmente o prazer das carícias pelo prazer de dominar.

Falta de contato, falta de amor e de intimidade são praticamente sinônimos.

Contato, amor e intimidade são os fundamentos da mais autêntica sensação/emoção *de segurança*. Nunca, como hoje, se falou tanto em segurança e nunca houve tão pouca. Portas de aço, pontas de cerca, cadeados e seguranças (pessoas) nunca foram tão abundantes; custam caríssimo e não garantem a segurança...

A questão da atenção

O ponto mais importante da educação, tanto para a criança como para a mãe e os demais adultos que a cercam, é a questão da atenção – tanto a da criança como a do adulto.

O recém-nascido já mostra, em certos períodos, uma capacidade incomum de "prestar atenção" ao mundo que o cerca. Observando o pequerrucho, é fácil ver o que estamos dizendo: os olhos convergem (isto é, se põem atentos) e "passeiam" pelo ambiente, claramente "registrando" tudo o que o petiz está vendo. Em outros momentos, mais difíceis de observar, ele está atento aos sons do ambiente e, quando tocado ou manipulado, atento a suas sensações.

Estas observações – fáceis de verificar – contradizem a opinião comum de que o pequeno a nada está presente, vivendo permanentemente como que em estado de sonho ou devaneio.

Parece até que, em certos períodos, um nenê de poucos dias ou semanas "quer" ser levado por aí a fim de olhar o mundo... É sabido: levá-lo para dar uma voltinha no colo basta muitas vezes para que ele pare de chorar.

A criança, agora com poucos meses, deitada, fica muitos minutos interessadíssima em suas mãos, que se movem no espaço, para cá e para lá. É bem assim: as mãos se movem – movem a si mesmas –, sendo difícil acreditar que o petiz esteja fazendo estes movimentos "por querer".

Esse é o começo do desenvolvimento... "tecnológico": o fazer coisas com as mãos sob controle da visão.

Mais tarde um pouco – já com meses e capaz de sentar – ei-la concentrada em mil pequenas coisas e bugigangas postas a seu alcance, como se qualquer uma delas fosse o objeto mais interessante do mundo. Aí ela mantém atenção concentrada durante um tempo bem maior do que a maioria dos adultos seria capaz!

(A atenção que o adulto dedica à TV, por exemplo, pouco tem de concentrada; esta sim ocorre em estado de devaneio, de desconcentração.)

Importantíssimo: *a atenção é o primeiro sinal de independência da criança e aprender a respeitá-lo é o começo da independência da mãe!* Quando concentrada, a criança não precisa de ninguém.

Só perturbe essa concentração quando de todo necessário. Se você chamar para si essa atenção, ela "engancha" em você – e passa a depender de você.

Preciso antecipar: a função mais necessária da mãe na educação é perceber com finura todos os momentos em que a criança *não precisa* dela, pois crianças não foram feitas para a mãe, mas para o mundo e o futuro.

> *Durante o tempo em que a criança progride*
> *em independência, a mãe ganha em liberdade*
> *– o que é ótimo para as duas.*

Isso quando a mãe está interessada em desenvolver vida pessoal – hoje cada vez mais comum.

Outros períodos em que a mãe pode cuidar de si são quando a criança está dormindo – muitas e muitas horas no começo da vida.

*A melhor mãe é a que cuida bem de si e não a
que cuida bem da criança!*

Porque – minha vez de repetir! – educação é exemplo, isto é, imitação. Não existe melhor exemplo do que esse: a mãe empenhada no *próprio desenvolvimento,* do qual a criança é uma parte – *uma parte!*

O que é educar senão cuidar do *desenvolvimento* da criança? Então, qual o melhor modelo para ela? O desenvolvimento da mãe – claro!

Cuidemos agora da atenção que a mãe dá – ou não dá – à criança. Esse é o maior presente que a mãe pode dar e o melhor reforço a todos os comportamentos que se espera ou deseja do pequeno.

Quantas mil vezes ouvimos da criança: "mãe, olha eu!"

Cuidado, porém, com os deveres impossíveis. Não é possível, ninguém consegue, nem é desejável, dar atenção à criança o tempo todo. Mães achando que devem acabam dando uma atenção cansada, distraída, de péssima qualidade, o que leva o petiz a chamar e a exigir cada vez mais atenção! Ela reconhece com facilidade a boa e a má atenção, a que se dá de gosto e inteira, e a que se dá por obrigação. Neste caso ela se faz um parasita insaciável, piorando assim cada vez mais a má atenção dada pela mãe... Depois de um tempo a mãe parece uma condenada dizendo sem saber mais o que está falando "sim, filhinho", "sim, filhinho"...

Como fazer, então? Primeiro, quando a criança está empenhada em outras atividades ou dormindo, deixemo-la em paz. Quando ela se achega, é essencial treiná-la a distinguir duas espécies de atenção: a que se dá quando estamos empenhados em outras atividades e a que se dá, inteira, para ela. Melhor dizer – com firmeza! – "estou ocupada", "agora não", "depois falamos" do que querer responder sempre com atenção inteira. Mas depois que você disse "agora não", na primeira folga dê atenção mesmo! Ainda: você pode ir dizendo coisas sem importância enquanto faz o que está fazendo, desde que, outra vez, daí a pouco você se volte inteira para ela. Se ela sabe que terá a boa atenção, será capaz de esperar porque a atenção de boa qualidade é de extrema importância para ela – e para todos!

A atenção de alguém está para o desenvolvimento – do outro ou de si mesmo – em relação direta com a atenção que damos ao outro ou a nós mesmos. Nunca é necessário atenção o tempo todo – se a atenção é de boa qualidade, inteira (o que não é muito fácil de conseguir).

A atenção está para o desenvolvimento pessoal
como o sol para as plantas.

A comunicação não-verbal

Crianças pequenas – até quatro, cinco anos (também depois...) – são quase sempre lindas e de algum modo luminosas. Olhe muito para seu filho – e se deixe encantar com o espetáculo. Essa é a mais alta expressão de amor – a do olhar.

Quanto ao falar, fale pouco; crianças com até dois, três anos mal sabem o que mamãe está dizendo. Falar pouco quer dizer não dar muitas explicações – elas têm pouco sentido para o pequeno. Mas se você sente desejo de falar, conte histórias, fale coisas cantando, invente frases até sem sentido. Mas, pelo amor de Deus, não comece a fazer sermões e muito menos a repetir aqueles sermões que a imensa maioria das mães costuma fazer para os filhos. Esses sermões, dissociados das ações, geram um segundo personagem, social, e iniciam o conflito entre o animalzinho e o cidadãozinho. Ninguém controla crianças com palavras. Só com o jeito.

Hoje se sabe que quando alguém fala com outra pessoa – sempre que entre os dois houver algum entendimento –, quando um fala o outro dança, isto é, faz muitos pequenos gestos, *acompanhando a música da voz do outro*. A fala não é só de palavras, mas de gestos, caras e tons de voz, que a criança percebe e a eles responde – muito mais do que às palavras propriamente ditas.

Pense bem nisso – é importante.

Uma das modas modernas é essa de explicar porque isso e porque aquilo, porque é certo ou errado, porque a mamãe está pedindo e porque a criança deve "compreender" – e obedecer. Estas explicações são feitas porque as mães não têm competência para pedir coisas – até exigir, em certos momentos – com firmeza e simplicidade.

Dissemos: criança pequena se impressiona muito mais com o jeito, a cara e o tom de voz do que com o palavreado, e as mães facilmente se deixam chantagear com beicinhos, sorrisinhos e carinhas malandras das crianças, todas especialistas em levar os adultos no bico. Isso acontece principalmente se você desde o começo se puser *demasiadamente* a serviço dela – naquela de que mãe tem de ser/fazer tudo pelo filho. Comece assim e em poucos meses você fica escrava – talvez para a vida toda. Pior do que isso, quando você, mais tarde, não fizer o que ela quer, ela fará um escarcéu sem tamanho e difícil de controlar.

Acredite: essa intenção de se pôr de todo a serviço dela está "escrita" no seu jeito de subserviência feliz, e ela sabe ler muito bem essas expressões. A criança fica feliz com sua felicidade, mas é líquido e certo que explorará sem escrúpulo nenhum sua subserviência.

Portanto, será ótimo se desde o começo você a tratar como uma espécie de igual, nem ela inferior no seu desamparo, nem você superior na sua generosidade.

Mas, em vez de *ler* palavras na frase anterior, *veja* atitudes, jeitos de corpo. Sempre que você se achegar a ela meio inclinada para a frente, cheia de solicitude e disponibilidade, é certo que ela... montará em seus ombros! Não digo que ela fará isso de verdade, mas começará imediatamente a exercer poder sobre você, a dar "ordens" (no tom da voz!), a se opor ao que você solicita, a teimar, a insistir – até você começar a se endireitar de indignação e a endurecer a voz. Aí ela pára...

Os jogos de poder entre mãe e filho

Por muito que seja o amor entre mãe e filho, sempre haverá entre os dois uma luta de poder, de predomínio ou de controle. É essencial para a criança conhecer sua força e sua influência, e ela estará testando você quase o tempo todo. E ai de você se não estiver em guarda! Nem pense, em uma hora de desespero, que ela é teimosa ou um tirano – se ele não fizer o que você espera, ou fizer o contrário! Você precisa aprender esta dança de jeitos e atitudes e tons de voz, porque se você ficar só nas palavras, vai ser muito difícil.

Na luta pelo controle, no que se refere à criança, vale tudo; ela não tem princípios, nem ética, nem escrúpulos – de início – digamos, dois a quatro anos. Ou você a controla, ou ela controla você. O mau desta situação é quando o controle começa a ficar só de um lado. Parece que o bom é haver uma certa alternância, conforme as circunstâncias, entre o seu domínio e o dela. Vai aí toda uma diplomacia de sensibilidade. Se ela perder sempre, ou começa a murchar e a perder a dignidade, ou se põe de teimosa intratável, ou de rebelde crônica. Se ela perder sempre, ficará cada vez mais passiva, mais alheada.

Ela espelha você (imita-a) – e ao papai e ao irmão – o tempo todo. Isso é bastante desagradável, nos casos em que ela espelha aspectos desagradáveis de você – a presunção, digamos, a imposição, a "pose" de mãe, o jeito de quem sabe tudo, as explicações que ela inventa, tão ou mais engenhosas do que as suas. É fácil para ela ganhar a guerra porque você tem mais coisas a fazer, e ela não!

Sempre que a criança assumir atitudes antipáticas, antes de criticá-la ou de querer dominá-la, faça um pequeno exame de consciência e veja quanto daquilo você tem.

Vai aqui um problema difícil. Como dissemos, nós não nos vemos, conhecemos pouco e mal nossos modos, nossos gestos e nossas caras. A criança, porém, está vendo tudo isso com total clareza. Daí que você estranhe muito certas reações dela iguaizinhas às suas... E como todos nós procuramos esconder aspectos desagradáveis de nossa personalidade e como eles aparecem apesar de tudo (você não vê, mas os outros sim), seu filho pode dar de volta para você caras e modos bem desagradáveis, e você procurará reprimir nele coisas muito suas!

Esse é um dos lados mais difíceis da educação, da relação entre mãe ou pai e filhos.

Quando em dúvida, consulte seu companheiro ou um filho mais velho e pergunte se você não faz parecido com aquela atitude horrível da garotinha de dois anos...

Por maior que seja a tentação, não ensine ou não responda logo de pronto perguntas que ela faça. Devolva para ela: "o que *você* acha disso?". Depois comente a resposta e, se for o caso, diga como isso e aquilo são ou como funcionam.

Na célebre fase dos porquês da criança, mães e pais conscientes de sua ignorância responderão "não sei" na maior parte das vezes. O desejo de explicar ou o dever de ensinar levam as pessoas a dar respostas descabidas, pois crianças perguntam sobre quase tudo e nenhum adulto saberia tanta coisa.

Não faça por ela nada do que ela puder fazer sozinha. Melhor perder tempo (nem de longe é tempo perdido) *ajudando-a* a fazer alguma coisa na qual ela está empenhada do que fazer por ela. Crianças adoram imitar os adultos e essa é a melhor alavanca para ensiná-las a fazer tudo aquilo que demonstram querer aprender, desde "cozinhar" (com dois anos de idade!), limpar a casa, arrumar gavetas, escovar os dentes, passar o aspirador, calçar o sapato, vestir-se (as várias peças), abotoar o que for preciso, rabiscar, recortar, colar e mais. Até a brincar com um novo brinquedo; procure não deixar que o irmão mais velho "explique" como se faz com o novo brinquedo. Deixe a garotinha aprender sozinha. Elas inventam mil usos surpreendentes de objetos familiares. Divirta-se com isso, não explique o "certo" nem faça cara de sabida, nem ria dela. Depois que ela inventou à vontade, mostre como se faz ou para que serve o objeto – conforme o uso que os adultos fazem dele.

Lembre: tudo o que você fizer por ela, em vez de ajudá-la a aprender, você terá de fazer pelo resto da vida e na adolescência será um inferno. Quando você achar que "já é hora de ela fazer sozinha" será tarde demais...

A rotina doméstica e os cuidados pessoais se aprendem até os cinco anos, por imitação suplementada por ajuda, ou irá se fazendo cada vez mais difícil conseguir que a criança aprenda – ou faça por sua conta – seja lá o que for.

O cotidiano e o familiar (tudo o que é familiar, não só a família) formam o "senso de realidade" das pessoas. Se a criança não viver nem experimentar bastante estas duas situações, estará a caminho do famoso "alienado" – longe das coisas, de si, de você!

Como ensinar o cotidiano? De dois modos – dando-os como modelo para se criar em cima. Quando a criança começa a falar com alguma facilidade – dois anos? – vá dizendo para ela o que ela está fazendo e como se chamam todas as coisas que ela está usando. Agora você levantou, agora você sentou, agora você está olhando para mim, agora você está mexendo na geladeira, agora você está abrindo o pote de margarina, pegando o pão, bebendo o leite... Me entenda bem, mamãe: não é para ficar dizendo a mesma coisa dezenas de vezes, apenas algumas – de cada uma das descrições e de mil outras que você pode inventar e até transformar em um brinquedo. Não se esqueça de porta, parede, janela, chão, ladrilho, pia e tudo o mais. Qual a finalidade deste brinquedo? "Tornar consciente" todas as partes e objetos da casa, que é a "realidade" única da criança pequena. Dizer nomes faz isso mesmo, põe o objeto diante dos olhos – como se fosse. Parte fundamental desse brinquedo de "dar nome" refere-se ao corpo da criança – brinquedo que muitos conhecem e recomendam: mão, pé, perna, tornozelo, joelho, punho, olhos, língua, bumbum, pinto, xoxota (ou o nome que mamãe aprendeu a usar) – sempre apontando, tocando, envolvendo com a mão – também "lá" –, é imprescindível.

Quando sair, apontar e denominar o que vai passando – desde que seja fácil de ver.

A segunda maneira é ir dizendo nomes de ações corriqueiras ou habituais: comer, almoçar, beber, mexer-se, olhar, pegar, beijar, bater, ajuntar, limpar, recolher – *tudo mostrado e repetido – como se fosse cantado – enquanto está sendo feito em comum* e sublinhando de leve – de brincadeira! – cada palavra sendo dita; na certa a criança irá repeti-la logo em seguida. Seria ótimo se a criança, a partir destes jogos, começasse a falar apenas as palavras que ela "conhece" em vez de repetir frases maiores dos adultos com noção vaga ou nula do que ela está repetindo.

É preciso, em suma, começar com os substantivos e os verbos...

O aprendizado essencial da partilha e da colaboração, igualmente, ou se aprende imitando desde a mais tenra idade, ou se torna muito difícil aprender depois, quando os *cuidados excessivos* desenvolveram demais na criança certo egoísmo natural. Não sei se, por conta própria, ela seria tão egoísta.

Como se faz para aprender colaboração? Convidando a criança, sempre que cabível, a "ajudar" mamãe a fazer isso ou aquilo, a ir buscar coisas, a emprestar uma mão quando três são necessárias – ou mesmo quando não forem... "Venha comigo e me ajude" seria uma boa diretriz.

Imitação, imitação, imitação, e não explicação, explicação, explicação ou, pior ainda, sermão, sermão, sermão.

Limite do desespero humano: "já te falei mil vezes!" – e nada do que eu desejava aconteceu – por que será? Porque depois de dez ou vinte vezes a criança não ouve mais o que você está dizendo.

Nem você!

Leituras complementares

Se você quiser ampliar sua compreensão desta cartilha, melhorar seu conhecimento sobre a influência política da família, pode procurar:

Família e política

Autor: José A. Gaiarsa.

Em que se procura mostrar o quanto nossos costumes familiares fazem de nós cidadãos incompetentes, muito críticos contra o governo (nas palavras) e muito resignados e inertes nas ações. O livro contém bom número de sugestões sobre como fazer para reverter estes malefícios, inclusive a organização de uma Escola de Família.

Relatório Hite

(Sobre a família. Há vários relatórios Hite, sobre vários assuntos – não confundir)

Autora: Shere Hite. Bertrand Brasil

Trata-se de uma estatística qualitativa; além de conter números, o texto reproduz relatos variados, de três a vinte linhas ou mais, nos quais os sujeitos da estatística descrevem sentimentos e situações vividas por eles. A leitura do livro nos faz lembrar mil e um episódios de nossas vidas, pois há muita semelhança de problemas entre as pessoas. Com isso a estatística se faz muito viva e pessoal.

A família de que se fala e a família de que se sofre

Autor: José A. Gaiarsa. Ágora

Este livro amplia bastante o *Família e política*, inclusive naqueles pontos que se referem a novas leis sobre a família e dicas numerosas sobre uma Escola de Família.

Nascer sorrindo

Autor: Fréderich Leboyer. Brasiliense

O famoso obstetra francês pôde reexperimentar seu parto com técnicas hindus de renascimento. Sentiu na pele todo o horror e a tortura do que consideramos um "parto normal".

Sugerindo medidas simples e afetuosas com mãe e filho, Leboyer mostrou como é fácil e bonito receber condignamente o novo cidadão.

O confronto fotográfico entre nenês nascidos de um e do outro modo é chocante.

Minha querida mamãe

Autor: José A. Gaiarsa. Ágora

Sugestões para iniciar a educação de filhos seguindo linhas mais pessoais (menos preconceituosas), mais democráticas, mais fáceis, mais humanas e mais felizes.

JOSÉ ÂNGELO GAIARSA é psiquiatra, médico e autor de mais de 25 livros, sempre direcionados ao crescimento e ao conhecimento humano. Em suas obras aborda temas como família, vida amorosa e sexualidade. Sua contribuição valiosa estende-se à exposição, à clarificação e à ampliação de teorias estabelecidas sobre Psicoterapia, com propostas importantes dentro do aparelho locomotor, da respiração e da visão. Além de ser um profissional de talento, dedicado, e um sucesso como pesquisador, terapeuta e palestrante, é também um ser humano fascinante e polêmico, que faz do riso sua natureza.

Do autor, leia também: *Couraça muscular do caráter; A família de que se fala e a família de que se sofre; Minha querida mamãe; Poder e prazer* editados pela Ágora.

IMPRESSO NA

sumago gráfica editorial ltda
rua itauna, 789   vila maria
02111-031   são paulo   sp
telefax 11 **6955 5636**
sumago@terra.com.br

GRÁFICA
sumago

---- dobre aqui ----

ISR 40-2146/83
UP AC CENTRAL
DR/São Paulo

CARTA RESPOSTA
NÃO É NECESSÁRIO SELAR

O selo será pago por

SUMMUS EDITORIAL

05999-999 São Paulo-SP

---- dobre aqui ----

— — — — recorte aqui — — — — — —

A CARTILHA DA NOVA MÃE

CADASTRO PARA MALA DIRETA

Recorte ou reproduza esta ficha de cadastro, envie completamente preenchida por correio ou fax, e receba informações atualizadas sobre nossos livros.

Nome: _____ Empresa: _____
Endereço: ☐ Res. ☐ Coml. _____ Bairro: _____
CEP: _____ - _____ Cidade: _____ Estado: _____ Tel.: ( ) _____
Fax: ( ) _____ E-mail: _____
Profissão: _____ Professor? ☐ Sim ☐ Não Disciplina: _____ Data de nascimento: _____

1. Você compra livros:
☐ Livrarias ☐ Feiras
☐ Telefone ☐ Correios
☐ Internet ☐ Outros. Especificar: _____

2. Onde você comprou este livro? _____

3. Você busca informações para adquirir livros:
☐ Jornais ☐ Amigos
☐ Revistas ☐ Internet
☐ Professores ☐ Outros. Especificar: _____

4. Áreas de interesse:
☐ Psicologia ☐ Comportamento
☐ Crescimento Interior ☐ Saúde
☐ Astrologia ☐ Vivências, Depoimentos

5. Nestas áreas, alguma sugestão para novos títulos? _____

6. Gostaria de receber o catálogo da editora? ☐ Sim ☐ Não

7. Gostaria de receber o Ágora Notícias? ☐ Sim ☐ Não

Indique um amigo que gostaria de receber a nossa mala direta

Nome: _____ Empresa: _____
Endereço: ☐ Res. ☐ Coml. _____ Bairro: _____
CEP: _____ - _____ Cidade: _____ Estado: _____ Tel.: ( ) _____
Fax: ( ) _____ E-mail: _____
Profissão: _____ Professor? ☐ Sim ☐ Não Disciplina: _____ Data de nascimento: _____

Editora Ágora

Rua Itapicuru, 613   7º andar   05006-000   São Paulo - SP   Brasil   Tel (11) 3872 3322   Fax (11) 3872 7476
Internet: http://www.editoraagora.com.br   e-mail: agora@editoraagora.com.br

cole aqui